DU MÊME AUTEUR :

Ce qu'il faut savoir pour réussir en Photographie. — 2e Édition, revue et augmentée. In-18 jésus, avec une planche photocollographique, 1896.

La Retouche du Cliché. — Retouches chimiques, Physiques et Artistiques. In-18 jésus, 1898.

Impression des épreuves sur papiers divers, par noircissement direct, par impression latente et développement. In-18 jésus, avec figures, 1898.

En préparation, faisant suite :

Reproductions. Agrandissements. Positifs par transparence. Stéréoscopie. Projection.

Procédés au Bichromate. — Épreuves au charbon. Phototypie. Contretypes. Positifs par transparence. Céramotypie. Photominiature. Émaux. Épreuves à la Poudre de bronze, à la Gélatine bichromatée. Papier charbon velours Artigue.

LE PORTRAIT

EN PLEIN AIR

Libourne, le 1er Mai 1898.

*A Monsieur C. Klary, Directeur de l'Ecole pratique
de Photographie, Paris.*

C'est grâce à votre écran de tête qu'il y a bien des
années, hélas ! j'ai trouvé la voie qui m'a permis d'ordonner l'éclairage de mon atelier ; c'est par son emploi
soutenu que j'ai compris l'importance de la distribution
judicieuse de la lumière sur le modèle.

En souvenir des services que cet appareil m'a rendu,
j'ai eu la pensée de mettre sous votre bienveillant patro-
nage cette modeste brochure, traitant d'un sujet auquel
vous ne cessez de vous intéresser.

Si vous vouliez bien accepter ce parrainage il me
semble que ce serait la consécration d'un travail que je
me suis efforcé de rendre aussi pratique que possible.

A. COURRÈGES,
Praticien.

Paris, 15 Mai 1898.

Monsieur A. Courrèges, Libourne.

Je viens de parcourir votre ouvrage sur « le Portrait en plein air ».

Je suis persuadé que votre livre sera très apprécié des amateurs auxquels il peut être d'un grand secours. Il témoigne de votre part, d'une compétence éprouvée, aussi bien au point de vue des théories émises, que de la façon dont elles sont présentées.

Vous avez su débarrasser vos enseignements d'un langage par trop technique qui aurait pu ne pas être à la portée de tous vos lecteurs, pour prendre celui qui leur est familier.

Par un enchaînement d'idées, souvent heureuses, parfois amusantes, vous mettez à leur portée des vérités essentielles qui, présentées dans une forme plus sèche, auraient pu leur échapper.

J'ai lu des ouvrages bien plus savants, je n'en connais pas de plus pratiques.

Veuillez agréer, Monsieur, avec mes salutations, l'expression de ma très grande sympathie.

C. KLARY,

Directeur de l'Ecole pratique de Photographie,
13, rue Taitbout, PARIS.

BIBLIOTHÈQUE PHOTOGRAPHIQUE

LE PORTRAIT
EN PLEIN AIR

PAR

A. COURRÈGES, Praticien

Rédacteur et correspondant de plusieurs journaux photographiques

Orné de figures et d'une planche en photocollographie

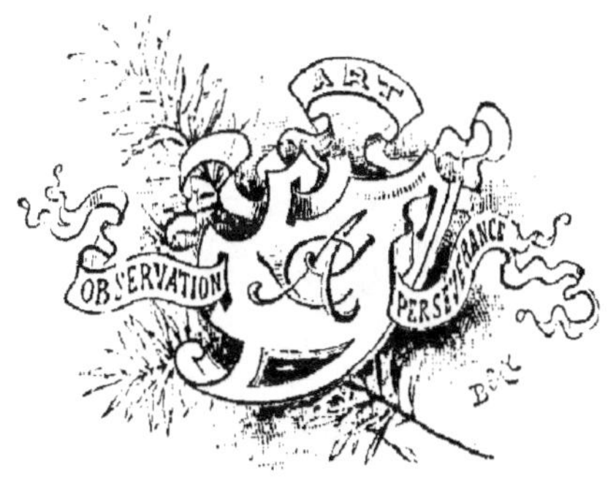

PARIS

GAUTHIER-VILLARS ET FILS, IMPRIMEURS-LIBRAIRES

ÉDITEURS DE LA BIBLIOTHÈQUE PHOTOGRAPHIQUE

Quai des Grands-Augustins, 55

1898

AVANT-PROPOS

LE PORTRAIT EN PLEIN AIR

Beaucoup de nos lecteurs, à moins qu'ils ne soient de la Gironde ou de quelque département circonvoisin, ne connaissent assurément pas la légende du « trou de Maumusson ».

Pour ceux qui l'ignorent, nous dirons que ce qu'on appelle le trou de Maumusson est un pertuis très dangereux, qui se trouve en Saintonge, entre l'île d'Oléron et la côte d'Arvert. C'est une sorte de gouffre en pleine mer, dont les eaux tournoient sans cesse.

On assure que les navires qui s'aventurent dans ses parages sont irrésistiblement attirés vers lui, et que, quels que soient les efforts du capitaine pour en éloigner son navire, ce dernier est entraîné vers l'abîme, qui, fatalement, l'engloutit.

Eh bien! pour le portrait, l'amateur photographe ressemble fort au navire et à son capitaine : quelle que soit la résistance qu'il oppose à l'entraînement fatal qui le guette dès sa sortie de chez le marchand d'appareils, il succombera; il faudra qu'il s'exécute et que, bon gré mal gré, il fasse du portrait.

Beaucoup, par apathie, pour ne pas avoir à chercher autre chose de plus amusant, s'abandonnent au courant; certains, faibles et peu convaincus, se résignent et s'exécutent : ce sont les victimes! D'autres, plus malins, trouvant à ce jeu, auprès des dames, certains avantages, ne résistent pas; ils vont, au contraire, au-devant de l'abîme, parce qu'il est pour eux semé de fleurs.

Nous ne nous attarderons pas à conter les mésaventures de ces pauvres martyrs; nous avons, au contraire, l'intention de leur donner ici des conseils, de les guider, afin de rendre leur chute plus honorable, de les amener à produire des œuvres dans lesquelles ils trouveront peut-être la récompense d'un dévouement souvent plus que gratuit.

Le portrait est, en photographie, la chose la

plus difficile; mais si l'on opère en plein air, les difficultés que l'on rencontre sont bien plus grandes encore.

Pourquoi cela? me direz-vous. C'est que ce qui fait la valeur du portrait, c'est l'éclairage, c'est-à-dire les lumières, les demi-teintes et les ombres qui, par leurs dispositions harmonieuses, concourent à *dessiner* les traits du modèle, avec plus ou moins d'art et d'exactitude.

La pose, l'expression, la réaction chimique, ont assurément une très grande importance sur le résultat, mais la chose prépondérante, celle qui prime toutes les autres : c'est la distribution de la lumière.

Les ateliers des professionnels sont particulièrement orientés, ils sont généralement garnis de verres dépolis, afin que le soleil ne puisse y pénétrer; puis, par côté et au-dessus, sont disposés des rideaux, des tentures, des réflecteurs, à l'aide desquels on peut réglementer la lumière et lui donner une direction idéalement favorable.

En plein air, ce n'est plus cela; le jour arrivant le plus souvent de tous côtés, il faut rechercher les moyens qui permettront de réduire cette abondance et surtout ce désordre de lumière; mais la chose n'est pas toujours aisée, et l'amateur inexpérimenté, qui souvent ne voit même pas le mal, est sans armes en présence de pareilles difficultés.

Afin qu'il puisse lutter avec quelques chances de succès, nous essaierons de lui tracer la voie qu'il devra suivre. Y réussirons-nous?

Nous le tenterons avec d'autant plus de courage, que rien n'ayant été publié spécialement sur ce sujet, nous avons tout au moins l'assurance de pouvoir dire des choses nouvelles.

PREMIÈRE PARTIE

L'APPAREIL, L'OBJECTIF, LES PLAQUES,
LE FOND, L'ÉCRAN DE KLARY

L'Appareil

A ceux qui ont déjà quelque expérience, nous n'avons pas besoin de dire que le seul appareil pratique pour faire du portrait, le seul avec lequel on puisse espérer obtenir des résultats présentables, est l'appareil sur pieds, avec mise au point facultative, et nous indiquerons celui destiné au 13×18.

Pour le portrait en plein air, on montera cet appareil sur un pied à trois branches, de façon à pouvoir l'établir bien horizontalement, quels que soient les accidents du terrain sur lequel on sera obligé de se placer.

Le pied d'atelier est trop encombrant, et,

avec lui, il serait bien souvent impossible d'établir le niveau.

Comme nous sommes assuré que tous les possesseurs de détectives, avec mise au point fixe, ont, eux aussi, l'ambition de faire du portrait, au cours de cet ouvrage, dans un chapitre spécial, nous indiquerons quels sont les seuls appareils à main, avec lesquels on puisse se permettre quelques tentatives.

L'Objectif

Il existe un instrument nommé « objectif double à portraits »; en outre de cette aptitude particulière, il convient également pour les agrandissements de portraits en buste et les projections. C'est le plus lumineux de tous les objectifs, mais à cause même de cette qualité, il présente un point faible : il a très peu de profondeur de foyer; toutefois, ce défaut est insignifiant pour l'emploi auquel il est destiné, le portrait n'offrant pas de plans bien distants.

Si l'on devait travailler dans un atelier, sous une installation de rideaux et d'écrans, nous le recommanderions de préférence à tout autre afin de pouvoir réduire la pose à une ou deux secondes, même avec l'atténuation de lumière que pareille installation rend inévitable; mais pour les travaux dehors, il sera très avantageusement remplacé par l'aplanétique qui se trouve aux mains de tous les amateurs et avec lequel, grâce à l'abondance de lumière dont on dispose en plein air, on ne sera pas dans l'obligation de poser davantage.

A l'encontre de l'objectif double à portrait, l'aplanétique a une grande profondeur de foyer, ce qui permet de l'employer sans diaphragmes, lorsque l'on sent le besoin de réduire le temps de pose.

Nous supposons que nos lecteurs connaissent parfaitement le rôle et l'emploi des diaphragmes, mais pour ceux qui l'ignorent ou qui ne sont pas bien fixés à cet égard, nous dirons qu'ils ont pour but principal de donner plus de netteté aux images obtenues, non seulement sur une plus grande étendue de la plaque, mais encore en profondeur; c'est-à-dire depuis le premier plan jusqu'au dernier. Plus le diaphragme est petit, plus la netteté s'accentue, mais aussi plus la lumière décroît, ce qui oblige, bien entendu, à poser davantage.

Pour l'emploi, s'il s'agit d'un portrait isolé, on mettra le modèle au point aussi exactement que possible, en visant la paupière supérieure par exemple, qui offre sur la glace dépolie une ligne très visible. Si, au contraire, il s'agit d'un groupe nombreux composé de plusieurs rangs de sujets, on mettra au point sur la personne qui se trouve au centre du groupe, entre le premier et le dernier plan, sans s'occuper de la netteté plus ou moins grande des autres sujets, le diaphragme qu'on devra ajouter avant d'opérer, très grand pour les portraits isolés, plus petit pour les groupes, se chargera d'amener tous les plans à la même netteté.

Mais si, à l'ombre, sans diaphragme, on obtient d'un modèle isolé un cliché bien venu en une seconde, il faudra, pour le groupe, avec un diaphragme *serré*, poser, selon la lumière du moment, trois ou quatre secondes environ.

L'objectif simple conviendrait très bien aussi ; il a pour les portraits et les groupes, aussi bien

que pour le paysage, lorsqu'on l'emploie judicieusement, toutes les qualités qui s'imposent ;
mais on n'y croit pas, fi donc ! il est trop bon
marché, la nouvelle couche ne veut que des
Zeiss ou des instruments similaires, ce qui,
certes, ne prouve pas que le modeste objectif
simple, le premier instrument créé, ne possède
des aptitudes particulières incontestables.

Dans l'atelier, on obtient les meilleurs effets,
aussi bien au point de vue de la perspective
que de la ressemblance, en employant des
objectifs d'un long foyer, mais en plein air,
comme on a souvent à lutter contre une lumière
très enveloppante, on fera bien de n'utiliser
que des foyers normaux, c'est-à-dire que pour
la carte de visite en pieds, un objectif de douze
centimètres de foyer suffira et on sera encore
éloigné du modèle de près de cinq mètres.
Pour un buste en visite, ou bien la carte album,
en pieds, on emploiera l'aplanat destiné au
13 × 18 qui mesure de dix-huit à vingt centimètres de foyer.
Par ce moyen, puisqu'on sera aussi près du
modèle que possible, on évitera entre l'appareil

et lui une couche d'air et de lumière qui, dans certains milieux, à de certaines heures, pourrait griser l'image, lui donner plus de diffusion.

Cependant, pour un buste grandeur carte album, on pourrait bien employer avantageusement un aplanat destiné au 18 $\times$ 24 qui a généralement vingt-cinq centimètres de foyer, il donnerait, sans trop s'éloigner du modèle, des lignes irréprochables.

Du reste, dans tous les cas, si l'on se trouvait dans un milieu bien protégé des reflets, où l'atmosphère serait, entre le sujet et l'appareil, d'une transparence complète, on aurait toujours avantage à employer un objectif destiné au format au-dessus de celui que l'on voudrait produire.

Presque tous les amateurs, à leur début surtout, ont la tendance de vouloir obtenir des images dans des proportions bien au-dessus de celles que leur appareil peut donner, ce qui leur fait commettre des fautes de proportion et de perspective grossières qui, parfois, dénaturent complètement la façon d'être du sujet. Si le modèle est pris en entier, par exemple, ses pieds et ses mains sont tout à fait disproportionnés, et le terrain, sur lequel il semble ne pouvoir se tenir, paraît avoir une pente de cinquante centimètres par mètre.

Quand le modèle est reproduit en buste, ils se rapprochent tellement de lui, que lorsqu'il est de face, le nez, par rapport aux oreilles, a le double des proportions qu'il devrait avoir, et lorsqu'il est placé de profil, l'oreille a l'air d'un petit plat à barbe.

Relativement au format que l'on voudra obtenir, il vaut toujours mieux que le sujet soit plutôt un peu petit que trop gros. Par ce moyen on évitera et la déformation et le manque d'air.

Pourquoi donc beaucoup d'amateurs, possesseurs d'un appareil 13 $\times$ 18, au lieu de s'en tenir au format album, dimension extrême que leur appareil puisse donner (et encore c'est trop), pourquoi donc font-ils occuper au modèle toute la plaque de 13 $\times$ 18, ne ménageant, comme ciel et comme terrain, que un ou deux centimètres au plus.

Que de groupes nous avons vus sur lesquels les personnages des côtés étaient coupés en deux ou auxquels il manquait tout au moins une épaule.

Eh bien c'est affreux et quel que soit le résultat obtenu, on ne fera que des choses ridicules si l'on n'évite pas de tomber dans ce travers. Les proportions du sujet doivent toujours être assorties au format que l'on veut obtenir.

Les Plaques

Pour le portrait en plein air, le choix des plaques n'offre rien de particulier, il suffit qu'elles soient bonnes et qu'on les ait éprouvées. Cependant, pour ce genre de photographie, aussi bien que pour le paysage posé, nous préférerions des plaques plutôt lentes que trop rapides, parce que, au point de vue de la rapidité, les plaques ont diverses façons d'être qui dépassent parfois la mesure nécessaire et ne réalisent pas toujours le but poursuivi.

Les fabricants, pour répondre aux aspirations du public et aux besoins de certains appareils à main, qui sont parfois bien peu rapides, tentent d'exalter de plus en plus la sensibilité de leurs émulsions. D'abord, c'est la cuisson qui est poussée jusqu'à la dernière limite; certains recherchent le même but par l'addition d'un alcalin; d'autres ajoutent, prétend-on, des traces d'hyposulfite.

Leur but est assurément louable, mais malgré tout, cette rapidité extrême tant recherchée, quoiqu'elle ne soit pas toujours obtenue, côtoie parfois le voile.

Avec certaines plaques, il est même impossible, quelle que soit la pose donnée, d'obtenir des ombres d'une transparence absolue, tandis que d'autres émulsions, tout aussi rapides, donnent ces mêmes parties sans la moindre trace de voile, quand même la pose serait sensiblement dépassée.

Pour donner à nos élèves l'aspect d'un cliché ayant juste, ou pas assez, ou trop de pose (chose bien essentielle à reconnaître), nous faisons souvent du même sujet des séries de clichés dans ces trois conditions.

Avec de très bonnes plaques, comme nous voudrions toujours en avoir, il nous est arrivé de poser sur le même sujet, au même moment, c'est-à-dire à la suite : une demi-seconde, une bonne seconde et enfin cinq secondes.

Eh bien, avec les plaques dont nous parlons, le cliché qui était obtenu en une demi-seconde avait bien souvent presque assez de pose, étant développé normalement, mais si nous avions employé un révélateur énergique ou très lent, nous aurions facilement obtenu tous les détails. La plaque ayant posé une seconde était parfaite à tous égards, et enfin celle qui avait posé cinq fois trop, c'est-à-dire cinq secondes, donnait une image un peu couverte, un cliché un peu opaque, mais il n'y avait rien de compromis, la gamme du blanc au noir était encore observée. Si même, bien souvent, nous avions employé un *développement d'attente*, contenant peu d'alcalin et du bromure, il nous eut été facile d'obtenir un cliché qui n'aurait rien laissé à désirer.

Eh bien ! ce dont nous nous plaignons aujourd'hui, c'est qu'avec beaucoup de ces fameuses plaques si rapides, si la pose est *légèrement* dépassée, tout est gris et sera gris quoique l'on fasse.

Donc, pour le portrait en plein air comme

pour le paysage posé, ce qu'il faut surtout, ce sont des plaques que l'on connaisse et qui donnent des relations bien franches, bien tranchées, sans dureté pourtant.

Mais les amateurs ne comprennent guère cette nécessité, bien reconnue cependant par les professionnels; quand ils ont besoin de plaques, ils vont chez le premier marchand venu en acheter une douzaine; on leur donne la marque demandée, c'est bien la boîte avec son aspect familier, l'étiquette contient toujours les mêmes promesses; il n'est qu'une chose qui diffère : *c'est le numéro*. Mais est-il bon, médiocre ou mauvais, ce numéro ? C'est parfois une loterie.

Cependant, aujourd'hui, avec nos marques françaises en faveur, si l'on n'est pas exposé à trouver des plaques mauvaises, elles peuvent, quoique bonnes, différer tellement des dernières qui ont été employées, que dans ce cas, le développement à point est forcément un peu aléatoire.

Mais nous savons, ayant été en rapports avec plusieurs fabricants, que le rôle qui leur est imposé n'est pas aussi facile à remplir qu'on se l'imagine ; ils sont aux prises avec certaines difficultés matérielles dont le public est loin de se douter : ainsi la gélatine, qui est l'un des éléments principaux, est un X perpétuel ; la température du moment est un facteur avec lequel ils ont à compter, enfin, le personnel qu'ils emploient n'est pas toujours aussi attentionné qu'il serait nécessaire. De là de nombreux mécomptes.

Dans un autre ordre d'idées ils ont à obéir, même à aller au-devant de cette sorte de démence de la clientèle qui, sans raison, demande des émulsions de plus en plus rapides.

Cette rapidité extrême est-elle bien nécessaire au fond ? — Nous ne le croyons pas.

Ainsi, comme exemple et comme preuve : le cinématographe de la Maison Lumière. Tout le monde a vu les scènes animées, très animées même parfois, qu'il projette ; elles sont nettes, n'est-ce pas ? Eh bien qu'elle est la vitesse, le fractionnement de secondes dans lequel elles ont été prises ? Un quinzième de seconde.

Avec un objectif un peu lumineux et un obturateur très ordinaire, il est facile d'obtenir en un quinzième de seconde une image *bien venue* pour peu que la lumière soit bonne, les plaques seraient-elles d'une rapidité ordinaire. Pourquoi donc employer, *dans tous les cas*, une obturation exagérée et réclamer des plaques dépassant la mesure du besoin.

A la suite, pour avoir une image, on est obligé d'employer un révélateur d'une énergie tellement brutale que cette brutalité compromet tout.

Du reste, pour la sensibilité demandée aux plaques, pour l'emploi d'un obturateur extra-rapide, comme pour l'extrême énergie du développement, nous trouvons que l'on dépasse la mesure raisonnable et pour développer des plaques instantanées on se trouvera toujours mieux de se servir de développements lents, c'est-à-dire très dilués. Nous n'entrerons pas ici dans ce détail, mais notre regretté Fourtier a donné sur ce sujet des renseignements précis et surtout précieux, qui permettent de tirer le meilleur parti de ce qu'on appelle les *grands instantanés*.

Nous sommes heureux de constater qu'avec nos marques françaises en faveur, toutes les plaques portant le même numéro sont identiques entre elles ; il peut bien se faire que l'on trouve parmi des verres plus ou moins épais ; elles peuvent parfois être plus ou moins exemptes de défauts matériels, mais celles qui sont marquées comme couchées de la même émulsion ont toutes la même sensibilité et les mêmes aptitudes.

Nous pouvons d'autant mieux donner cette affirmation qu'il nous arrive d'employer dans nos ateliers plus de cinquante douzaines de plaques d'un même numéro prises soit chez MM. Guilleminot ou Lumière et nous n'avons jamais constaté qu'il y eut de différence entre telle ou telle boîte.

La photographie est semée d'incertitudes qui, la plupart du temps, proviennent des plaques que l'on ne connaît pas ; on doit donc faire tout le possible pour se mettre à l'abri d'insuccès provenant d'elles et mettre autant d'atouts que possible dans son jeu.

Que reste-t-il donc à faire pour cela ?

C'est bien simple, dès qu'on a obtenu de bons résultats avec une boîte, avec *un numéro*, c'est de faire de ce numéro une petite provision. On n'aura qu'à les mettre dans un endroit où l'humidité ne puisse les surprendre, et serait-ce dans un an ou deux, quand on en aura employé quelques-unes, on saura ce que l'on peut leur demander; les marques que nous avons citées ne vous tromperont pas. Il y en a d'autres, assurément, dignes de la même confiance, mais il y en a aussi pour lesquelles nous ne serions pas aussi affirmatif.

Qu'on nous pardonne cette longue digression sur un sujet qui semble presque en dehors de celui que nous traitons ici, mais il a une telle importance — dont la plupart des amateurs ne semblent pas se douter — que nous insistons sur ce point chaque fois que nous en trouvons l'occasion.

Au point de vue économique nous avons remarqué que les amateurs sont souvent d'une très grande prodigalité. Que de petits portraits, qui devaient être imprimés en carte de visite, nous avons vu occuper inutilement toute une plaque 13×18 quand un 9×12 aurait largement suffi. Et bien souvent, hélas ! ces portraits étaient médiocres.

Il eût bien mieux valu, à notre avis, couper

ce 13×18 en deux et faire avec la même plaque deux clichés du même modèle, rectifiant les erreurs d'éclairage, de pose ou de développement, qu'on aurait pu commettre lors de la première opération. Par ce moyen on aurait eu plus de chance d'obtenir un bon résultat.

Nous trouvons qu'une plaque 6 1/2 × 9 pour un portrait-visite — si le sujet n'a pas été mis au point bien au centre de la plaque — est un peu juste et qu'avec elle on s'expose souvent à ne rien avoir de complet, mais un 13 × 18 est beaucoup trop grand ; c'est là une dépense inutile et... nous ne les aimons pas.

Ce qui peut être fait, par contre, c'est la carte album avec la moitié d'un 13 × 18. En tirant l'épreuve avec un dégradateur ou une cache, le format 9 × 13 que nous avons obtenu en coupant le 13 × 18 en deux est suffisant, mais pour l'employer il faut avoir le soin, et c'est facile à faire, de recouper un demi-centimètre de chaque côté de l'intermédiaire 9 × 12.

Pour la division des plaques au gélatino, le petit appareil dont nous donnons ci-après le dessin est, non seulement commode mais très pratique (fig. 1).

La tablette sur laquelle la glace est appuyée est garnie de velours noir afin de protéger la couche de toute éraillure, la petite règle qui la traverse est mobile et se fixe à la distance voulue qui est arrêtée à l'avance, en pleine lumière, en tenant compte de la largeur de la monture du diamant.

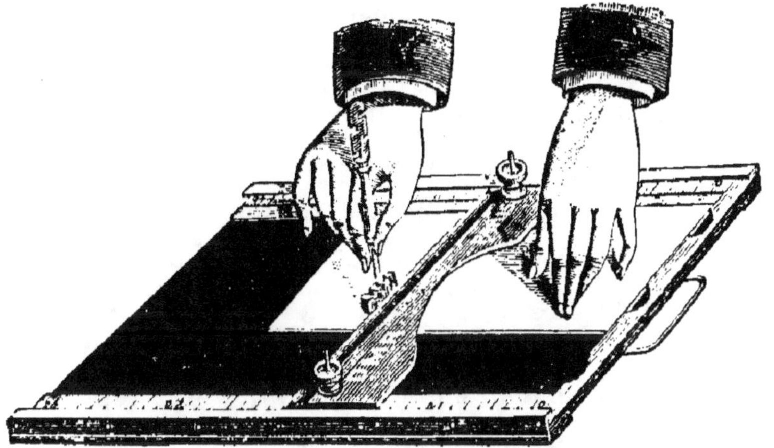

Fig. 1

Au besoin, pour être bien sûr d'obtenir exactement la dimension voulue, on peut couper un mauvais cliché (qui n'en a pas ?)

Lorsque tout est bien réglé on n'a plus qu'à s'enfermer dans le laboratoire et, à quelque distance de la lumière rouge, on divise ou l'on recoupe ses verres à la dimension voulue sans avoir à redouter le moindre voile.

3.

Un coup de blaireau donné sur la couche, chasse les petits éclats qui pourraient s'y être déposés.

Le Fond

Dans un portrait photographique, le fond joue un rôle d'une importance que beaucoup d'amateurs ne soupçonnent même pas; les peintres le savent bien eux, car ils attachent à sa façon d'être une très grande sollicitude.

Le fond doit être en harmonie et en opposition avec le sujet; le relief de l'image est à ce prix.

Pour notre part, nous déplorons la manie actuelle d'un public ignorant, qui ne veut plus que des fonds dégradés.

Nous nous souvenons qu'à une époque déjà reculée, on ne livrait guère que des épreuves à fond plein, imprimées soit dans un ovale, soit coupées au bas du buste, à coins carrés; on n'en veut plus aujourd'hui.

A cette époque, les ateliers sérieux étaient munis de fonds *circulaires* unis; ils étaient garnis d'étoffe grise et cette façon d'être donnait au modèle un relief que n'ont pas les photographies actuelles (1)

Tout le monde a bien remarqué que derrière certaines statues, qui décorent nos monuments religieux ou autres, il existe une sorte de niche demi-circulaire. Eh bien ! il ne faut pas croire que cette disposition a pour but de mettre la statue, derrière laquelle elle se trouve, à l'abri du mauvais temps. Elle est là surtout pour la faire valoir, pour la mettre davantage en valeur.

En effet, que la statue soit éclairée de droite ou de gauche, la forme du fond fait qu'il reçoit toujours la lumière à l'opposé. C'est-à-dire que du côté où la statue est le plus vivement éclairée, le fond se trouve dans l'ombre, tandis que du côté où elle est ombrée, c'est le contraire qui se produit ; de là, entre le sujet et le fond, des oppositions d'ombres et de lumières, qui provoquent le relief.

Nous voyons souvent des épreuves de portraits faites par des amateurs, qui sont délicieusement

----

(1) On attribue à Adam Salomon, un peintre habile qui s'était fait photographe, la première application de ce genre de fond.

éclairées, et cependant leurs auteurs, pas plus
que leur entourage, ne les apprécient. C'est que
les fonds sont souvent défectueux : ils présentent parfois, derrière le sujet, des branchages ou
bien des murs, qui ne sont pas toujours très
unis ; on y voit quelquefois des objets plus ou
moins hétéroclites, tels que balais ou arrosoirs,
dont la présence insolite n'a rien d'enchanteur,
de poëtique surtout.

Comment un amateur inexpérimenté, dont
l'éducation artistique est souvent bien incom-
plète, pourrait-il découvrir dans un tel fouillis,
la valeur d'une épreuve ?

Donc, pour le portrait, lorsque le sujet est
représenté en buste ou même à mi-corps, un
fond uni, soit blanc, soit gris, soit noir, s'impose, mais il faut qu'il s'harmonise avec le
sujet, et le plus souvent c'est l'éclairage donné
dans un axe favorable qui produira cet heureux
résultat, mariera les teintes le plus dissemblables ou, par le relief qu'il donnera aux
premiers plans, fera ressortir, détachera deux
nuances de même valeur qui, dans des conditions moins favorables, se seraient confondues.

Le fond le plus économique que l'on puisse

organiser sera composé de deux laize de lustrine que l'on coudra ensemble et que l'on montera sur un châssis, mais ce fond donne des effets bien plats, bien uniformes, et si le modèle en est trop rapproché la couture paraît.

Si cependant, après essai, on jugeait ce fond par trop insuffisant, il n'y aurait rien de perdu car il servirait de doublure à tout autre des divers fonds, plus sérieux, dont nous allons parler :

Il existe dans le commerce (1) une étoffe spéciale en laine légère qui se fait en plusieurs nuances, depuis la plus claire jusqu'à la plus foncée, sa largeur est de un mètre quatre-vingt sur une longueur indéterminée, puisqu'elle est fabriquée en pièce; son prix est de 5 à 6 fr. le mètre.

On peut en prendre de deux mètres à deux mètres vingt-cinq, on la tend sur un châssis et l'on obtient un fond dont la largeur est de un mètre quatre-vingt, ce qui permet de faire, non seulement des portraits en pieds, mais des groupes de trois personnes.

Ce fond n'a pas de couture au centre comme

----

(1) Chez Démaria frères, Paris.

celui fait avec de la lustrine, mais il donne des effets aussi uniformes, à moins qu'on ne le tende sur un châssis demi-circulaire, ce qui constituerait le fond idéal, mais nous jugeons que parmi les amateurs qui font du portrait en plein air, il en est peu qui se décideront à faire cette dépense.

Fonds peints. — Le choix d'une toile peinte devant servir de fond n'est point chose indifférente ; le meilleur, pour nous, est le fond nuageux, gradué de bas en haut, c'est-à-dire que le bas est plus foncé que le haut (fig. 2). Pour les fonds dégradés, cette façon d'être convient tout à fait, elle met au-dessus des épaules du modèle qui, toujours pour les bustes, doit poser assis, une légère demi-teinte qui fait le meilleur effet. Un enfant, photographié en pieds ou bien à mi-jambes, vient très bien également devant un tel fond.

Nous recommandons le fond nuageux parce qu'un fond léger, indéfini, est toujours préférable à ceux qui sont chargés. Plus le fond sera sobre de détails, mieux cela vaudra.

Mais tout le monde n'est pas de cet avis, et

comme les marchands ont besoin, avant tout, de plaire à Monsieur Tout-le-Monde, on trouve dans le commerce des fonds de paysages représentant toutes sortes de choses : des petites maisons, des bateaux, qui viennent parfois flotter derrière la tête ou sur l'épaule du modèle, et l'on est tenté de se demander ce qu'ils peuvent bien faire en pareil milieu ; s'ils ne sont pas une évocation ou un rêve. Enfin, à côté de ceux-là il y en a qui sont très bien compris, dont les détails sont laissés dans un vague voulu, afin que le modèle, qui est le sujet prin-

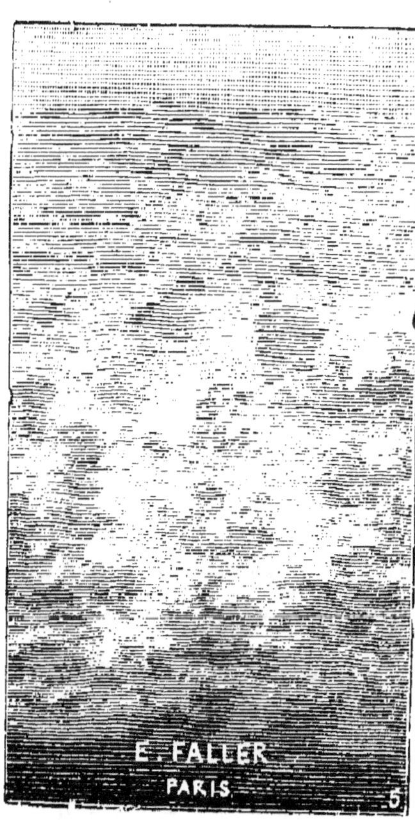

Fig. 2

cipal et qui doit dominer, n'aie pas l'air d'un accessoire.

Nous donnons à la page précédente (figure 2) l'aspect d'un fond nuageux qui convient, c'est la Maison Faller, rue du Temple, 6, à Paris, qui le fabrique. Tous les marchands d'accessoires pourront procurer ce modèle, ou, sur échantillons, tout autre qui conviendrait mieux.

Lorsque l'on fera des petits tableaux de genre ayant un ou plusieurs personnages, on ne devra pas employer de fonds artificiels, mais il faudra choisir, dans ceux offerts par la nature, des échappées heureuses; il faut, autant que possible éviter les fouillis de verdure, et si certains sujets se détachent sur des parties sombres, ils n'auront de valeur que si les vêtements sont plus clairs; comme il faudra aussi, dans la plupart des cas, ménager une certaine distance entre les sujets et le fond.

Il nous est arrivé d'utiliser très avantageusement comme accessoire et comme fond l'escalier d'un perron; nous y placions le modèle en toilette de ville sur l'un des derniers degrés comme s'il était au moment de son départ, ou bien nous disposions un banc et une table à

ouvrage ou de jeu au bas du perron et sur le
côté. Nous obtenions ainsi, à droite par exemple, une petite bande sur laquelle se profilait la
fuite de l'escalier et à gauche le petit massif de
verdure que l'on y trouve presque toujours;
mais il faut, dans un cas semblable, mesurer les
proportions de chacun de ces éléments et que
ce soit toujours le ou les modèles qui aient le
plus d'importance.

Nous avons vu derrière certains sujets des
feuillages qui avaient presque la même importance que la tête, si bien qu'on aurait pu mettre
au bas des épreuves : « Cherchez le modèle. »

On nous montrait dernièrement une admirable
photographie. C'était une charmante jeune fille
en costume Louis XV ; elle avait été placée
devant un très joli paravent sur lequel étaient
peints des feuillages et des oiseaux. L'éclairage,
l'attitude, l'expression étaient particulièrement
heureux.

Eh bien cette superbe épreuve ne pouvait se
montrer tellement le fond la rendait ridicule.
Et pourquoi cela, me direz-vous? C'est que sur le
nez de la jeune personne, quoique derrière,

semblait être, comme perché, un superbe oiseau du Paradis !

Les fonds de verdure ou autres devant lesquels le modèle sera mis en place devront toujours être dans l'ombre et assez élevés afin qu'aucune lumière plus vive, venant de derrière, ne puisse lutter d'intensité avec celle qui aura été choisie ou ménagée pour l'éclairage du sujet. Sans cette précaution les traits du ou des modèles seront souvent noyés dans un halo désastreux.

Nous sommes certain que cet accident est déja arrivé à nombre de nos lecteurs ; ceux-là, assurément, comprendront le principe que nous venons de poser, mais pour ceux qui n'ont pas encore été les victimes de cette disposition défavorable, nous allons donner un exemple qui leur permettra, nous l'espérons, de nous comprendre et de se mettre, à l'avenir, à l'abri de pareil insuccès :

Nous sommes à la campagne, il fait beau ; la compagnie est nombreuse, et comme vos appareils sont là, on forme le *complot* de se faire photographier en groupe.

C'est après déjeûner; sur cette petite table on vient de prendre le café, les tasses qui sont là en témoignent.

Les grands parents, un peu somnolents, se complaisent dans la contemplation de toute cette folle jeunesse; ils se revoient à quinze ou vingt ans. Ils sont, eux, en dehors de toute entreprise photographique.

Mais les jeunes, qui n'ont aucune envie de dormir, transportent en hâte des chaises et des bancs, et, dans un désordre qui pourrait bien être calculé, se tassent, s'amoncellent, se superposent en une grappe ainsi joyeuse que fleurie.

Croyez bien que si cette fine moustache est tout à côté de cette brunette au regard brillant mais sans courroux, ce n'est peut-être pas le hasard qui l'a voulu.

Enfin ! le tableau est composé, vous n'avez plus qu'à opérer.

La scène est charmante : la table, où sont toujours les papas et les mamans, se trouve devant un petit berceau de verdure, à droite une haie un peu haute et, derrière, un petit bois touffu ; A gauche, c'est peut-être plus joli encore : quelques arbres en second plan, un peu espacés les uns des autres, se découpent çà et là sur un ciel empourpré.

Le soleil, déjà bas, n'est pas encore disparu et semble jeter sur la campagne une pluie d'or.

Mais ce n'est pas là ce qui vous occupe en ce moment, n'est-ce pas ? ce décor vous échappe ; il s'agit de mettre au point et d'impressionner la plaque.

Avec un peu plus d'expérience vous auriez peut-être bien remarqué que si tous les sujets de droite, qui se détachent sur un fond sombre et rapproché, sont bien définis dans leurs plus minutieux détails, par contre, ceux qui, à gauche, au rang le plus élevé, se profilent sur le ciel, paraissent sombres par rapport à l'admirable fond sur lequel ils se détachent ; les cheveux, les lignes du visage sont brouillés, leur silhouette est comme frangée de lumière, tandis que les facies sont relativement gris et sombres. C'est le halo !

La lumière qui vient par derrière domine celle de face. Ce fond si beau est défectueux ; du reste, voyez le rang de dessous, l'effet n'est pas du tout le même. C'est qu'il est protégé par le rang du haut *qui lui sert de fond*, qui lui fait ombre, ce qui permet à la lumière qu'il reçoit de dominer la luminosité de l'horizon.

Dans la description que nous venons de faire, nous avons voulu établir qu'un fond derrière le modèle, masquant l'horizon, était, dans la plupart des cas, de toute nécessité.

Parfois on se trouvera très bien d'utiliser comme fond la baie d'une porte s'ouvrant sur une pièce obscure ; nous avons obtenu dans ces conditions des effets très heureux. Le modèle sera pris ainsi en buste ou bien à mi-jambes, mais dans certains cas, on peut se servir de cette disposition pour faire des épreuves en pied charmantes.

Sur l'un des montants de la baie on pourra draper un rideau ; le modèle, qui peut être une jeune femme, tient la poignée de la porte comme si elle venait de l'ouvrir — elle entre dans une autre pièce.

Cette petite scène est simple, presque banale même, n'est-ce pas ? mais il ne faudrait pas croire que ce sont toujours les plus complexes, qui ont le plus de charme, qui sont les mieux comprises et surtout les plus goûtées.

Eh bien ! le petit tableau *simplet* que nous venons d'esquisser peut très bien, avec quelques soins, acquérir sinon une grande valeur, du moins un certain charme. Que lui faut-il pour cela ? Presque rien : un peu d'animation qui complète l'idée et lui donne la vie.

C'est uniquement à l'expression du modèle qu'il faut demander le souffle qui doit animer cette composition.

Admettons que notre sujet a un type un peu bourgeois, un peu commun même; le costume, l'ajustement, sont d'une correction irréprochable, mais par trop sévère. Ajoutez à cela une expression légèrement maussade, presque de mauvaise humeur.

Croyez-vous qu'avec un tel modèle il soit facile d'obtenir le résultat cherché. Nous craignons bien que non, et, sans exagération, nous pouvons prédire à l'avance qu'au bas de l'épreuve obtenue, l'inscription suivante serait bien placée :

« Plaignez cette dame, car en entrant dans
» cet appartement, elle vient de constater un
» accident, peut-être un malheur ! »

Et c'est là tout ce que vous pourrez espérer.

Mais à la place de ce modèle, mettons-en un autre tout différent: la jeune femme est, sinon jolie, du moins sémillante, l'expression est toujours vive et enjouée; avec cela elle est toute gracieuse et un peu coquette.

Croyez-vous qu'avec un tel sujet, si vous lui expliquez le thème de la petite scène à rendre, elle aura de la peine à la comprendre et à s'identifier au rôle que vous voulez lui faire jouer?

Nous ne le croyons pas! Du reste, voyez: elle entre, sa petite main est appuyée sur la poignée de la porte, pas trop loin du corps, afin que les proportions n'en soient pas exagérées; sa taille souple, par une légère inflexion en avant, dessine un mouvement plein de grâce; la tête câline, légèrement penchée sur l'épaule droite, complète le mouvement.

Quant à l'expression, elle est radieuse, on dirait un rayon de soleil.

Elle semble vous dire:

« Je savais bien que je vous ferais plaisir en venant vous voir, voyez comme je suis belle et bien parée, je veux vous plaire et que vous subissiez, vous aussi, le charme de ma petite personne. »

Eh bien ! croyez-vous qu'entre ces deux modèles il y a de la différence.

Je crois bien, la première est une anglaise, genre bain de mer, tandis que la seconde m'a tout l'air d'être une parisienne (1).

L'écran de tête de Klary

Avant de faire l'historique de l'écran de tête de Klary et d'en indiquer le mode d'emploi, nous croyons utile d'emprunter à la brochure qui nous a servi de guide, et dont nous avons sous les yeux la *septième* édition (2), les détails de sa construction, ainsi que les figures qui les accompagnent. Cela permettra aux lecteurs que nous aurons convaincus de son utilité, de le faire établir, s'ils le désirent, d'après les plans de l'auteur.

Il nous a été observé que ce que nous nommions « écran de Klary » était dû à un opérateur américain du nom de Kent.

---

(1) Voir dans la troisième partie : « L'Expression dans le Portrait ».

(2) « L'éclairage des portraits photographiques », chez Gauthier-Villars, 55, quai des Grands-Augustins, Paris.

M. Klary, dans sa brochure, va lui-même au-devant de cette observation, il dit que c'est bien l'écran de Kent qui a été l'inspirateur de son appareil, mais on ne peut lui refuser le mérite de l'avoir rendu pratique en le perfectionnant, de l'avoir *mis sur pieds* et surtout de l'avoir propagé.

· Du reste, voici, paraît-il, ce qu'était l'écran de Kent : il était formé d'un cadre en bois très léger, ayant 0ᵐ90 dans les deux sens. Sur ce cadre était tendu une mousseline blanche ou un calicot très fin, le tout était emmanché sur une sorte de perche, ayant *trois mètres* de long.

Le photographe présentait l'écran au-dessus de la tête du modèle, le levait ou l'abaissait, le portait à droite ou à gauche et observait les modifications d'ombre et de lumière qu'il produisait. Lorsque l'effet cherché était atteint, un aide ouvrait l'objectif et posait le temps voulu.

Ne voyez-vous pas, de nos jours, ayant à photographier une femme nerveuse ou un bébé, un bonhomme, muni de sa longue perche, s'agiter autour du modèle, ainsi que les bras d'un ancien télégraphe, sous prétexte d'obtenir des effets de lumière perfectionnés.

L'idée était des plus heureuses et nous rendons à celui qui l'a conçue le témoignage le plus complet, mais ce que nous critiquons c'est que, dans la pratique, son emploi, tel qu'il a été créé, est impraticable avec la clientèle courante; il n'a dû être employé dans des conditions aussi rudimentaires que pour des essais, sur des modèles prévenus et assez maîtres d'eux-mêmes pour ne pas être troublés par l'agitation qui se faisait autour d'eux. Cette idée a donc été reprise et utilisée pour en faire un appareil précieux, dont le concours discret a été utilisé par tous les praticiens soucieux de bien faire.

Donc, à chacun son mérite; mais que serait devenue cette idée si elle n'avait été appliquée judicieusement et surtout répandue? Elle eut été sans profit pour le plus grand nombre car, comme l'a dit Jansen : « Tous ceux qui » aiment la science et qui ont la compétence et » le savoir, doivent travailler à la répandre et » à la propager. Le Génie créateur risquerait » fort d'être méconnu si des voix capables de » le comprendre ne montraient à tous la beauté » et l'utilité de l'effort scientifique, qui, sans » elles, resterait sans profit. »

Description de l'écran

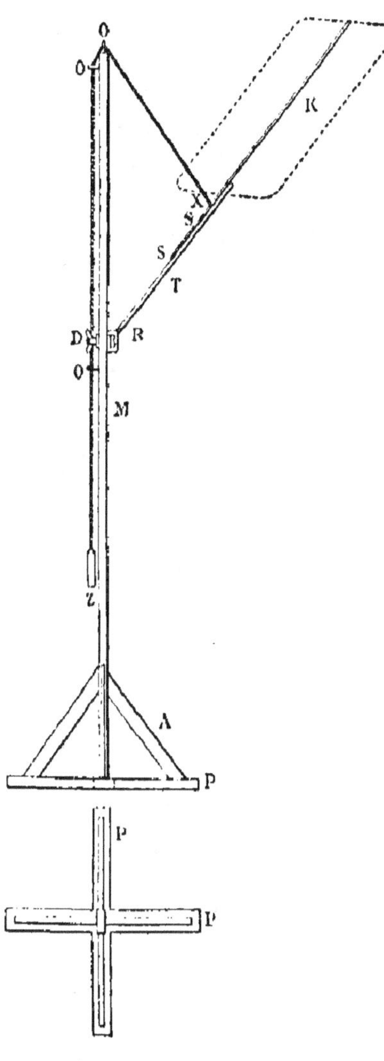

Figure 5

La figure 5 représente le plan de l'écran de tête en position et son élévation. Cet écran est formé d'un montant M qui compte : hauteur 2^m, largeur 0^m05, épaisseur 0^m02.

Les quatre attaches A ont : longueur 0^m30, largeur 0^m04, épaisseur 0^m02.

Les deux pieds PP, qui supportent le montant ont 0^m61 de longueur, 0^m05 de largeur et 0^m02 d'épaisseur.

Le long du montant M est pratiqué une rainure ; largeur 0ᵐ011, longueur 1ᵐ25, dans laquelle coulisse la pièce représentée (figure 7).

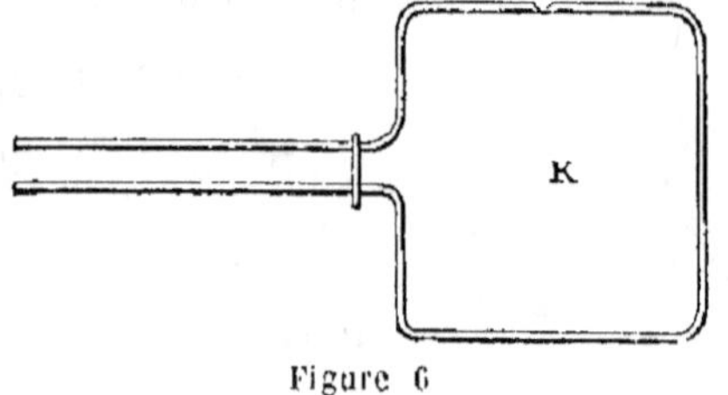

Figure 6

Le cadre de l'écran K (fig. 6) est formé d'un fil de fer de 0ᵐ003 d'épaisseur, 0ᵐ85 de longueur et 0ᵐ85 de largeur ; il est placé sur le manche T (fig. 5) dont les dimensions sont : longueur 0ᵐ56, largeur 0ᵐ04, épaisseur 0ᵐ02. Six attaches en fil de fer appliquées sur le manche T (qui peuvent être des pitons) permettent d'attacher l'écran à son support et, au besoin, de le changer à volonté en quelques secondes.

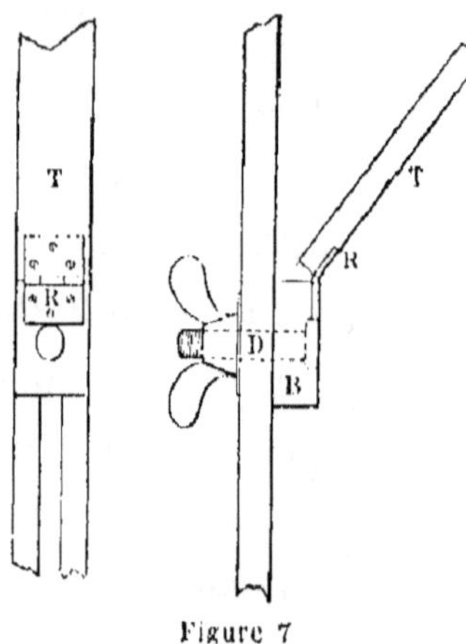

Figure 7

Un petit tasseau ou bloc de bois B (fig. 7), hauteur 0ᵐ07, largeur 0ᵐ05, épaisseur 0ᵐ03, est traversé par un boulon D de 0ᵐ01 de diamètre ; ce boulon est à tête ronde, noyé dans le bois.

Ainsi que le montrent les deux croquis de la figure 7, le manche T est relié au bloc B par une charnière.

Ces divers arrangements permettent de faire tourner l'écran, de le faire monter ou descendre et de le fixer dans la rainure au point désiré ; il est contrebalancé par le poids Z (fig. 5) suspendu à une corde passant à travers les pitons ooo fixés au montant M et allant s'adapter au manche T dans un autre piton X (fig. 5).

On comprend parfaitement qu'à l'aide de ce mécanisme, l'écran peut être placé dans toutes les positions et à tous les angles désirés.

Les amateurs photographes de nos jours, qu'ils taquinent les appareils merveilleux qu'on met en leurs mains ou qu'ils se livrent à des travaux sérieux et raisonnés, sont bien heureux ! Ils profitent d'une lente évolution et des progrès accomplis, sans se rendre compte des difficultés sans nombre que les pionniers d'une autre époque ont eues à surmonter pour débarrasser la voie qui leur est rendue si facile.

Nous avons débuté en 1865. A cette époque on aurait facilement pu dresser la liste des photographes improvisés, sorte de végétation spontanée, sortie un peu de toutes les classes de la société. Ceux qui produisaient les meilleures épreuves le devaient aux formules qu'ils avaient pu recueillir, aux aptitudes natives qu'ils pouvaient avoir pour *l'assaisonnement* et les manipulations des produits et aussi un peu au hasard du milieu dans lequel leurs ateliers avaient été établis.

Beaucoup d'entre nous n'avaient aucunes données sur l'éclairage du modèle, certains n'y pensaient même pas. C'est qu'on en était encore à la période des tâtonnements; il n'était guère, à cette époque, question d'art photographique, on ne trouvait pas, comme aujourd'hui, des ouvrages spéciaux, traitant de toutes choses, et celui qui voulait arriver devait faire son chemin lui-même.

Le collodion et le bain d'argent régnaient alors en maîtres et nous obligeaient à poser dans les meilleures conditions de lumière, selon la saison, de dix-huit à trente secondes et, dès que le jour baissait, il fallait doubler ce temps et cesser d'opérer bien avant que le soleil fût descendu à l'horizon.

On ne s'occupait donc guère de la façon dont le sujet était éclairé ; pourvu que sa figure soit blanche et qu'il n'aie pas bougé, on était satisfait et le client aussi. C'est qu'on n'avait pas encore eu la malice de retoucher les clichés ; les teintes graduées du visage, qui font aujourd'hui le charme et le grand mérite de nos épreuves, nous eussent joliment embarrassées en présence de la clientèle.

Mais bientôt le goût s'affina ; il nous venait de Paris et de l'étranger des épreuves ayant un caractère particulier bien plus savant que ce que la plupart d'entre nous produisaient ; l'éclairage avait un parti-pris auquel nous n'étions pas habitués. C'est que la retouche du cliché était trouvée !

On ne saurait croire le bouleversement que cette innovation causa dans le petit monde photographique ; les premiers qui présentèrent à leur clientèle des épreuves *adoucies* eurent un grand succès.

Jugez donc, les pattes d'oies, les yeux mâchés, les rides profondes, qui étaient la terreur du modèle et faisaient le désespoir du photographe, disparaissaient par la retouche, et les personnes

qui avaient des rousseurs, dont la figure res-
semblait à une passoire, pouvaient maintenant
affronter l'objectif; leur épiderme, grâce à la
retouche, paraissait aussi uni que celui d'un
enfant qu'on allaite.

Ces épreuves modèles furent étudiées, on
observa leur façon d'être et on reconnut bientôt
que, sous peine de rester en arrière, il fallait
changer de voie et donner à l'éclairage plus de
soins. C'était possible, maintenant, puisque l'on
pouvait donner aux demi-teintes et aux ombres
plus de douceur.

C'est alors qu'on arbora, qu'on eut recours
aux rideaux, timidement d'abord, à cause du
temps de pose qui était toujours le même et
qu'il ne fallait pas trop prolonger, mais comme
les rideaux la rendaient sensiblement plus
longue, nous étions obligés de demander à
l'optique de nous aider à la réduire : les Ross,
les Dalmeyer et les Voigtlander, nous fournis-
saient pour cela, à prix d'or, des objectifs d'une
luminosité que nos opticiens n'avaient pu
atteindre.

C'est à cette époque que M. Klary, alors photographe à Alger, publia une petite brochure

sur « l'éclairage des portraits photographiques »
à l'aide d'un écran de tête. Ce fut là encore une
petite révolution des anciens errements.

Nous fîmes immédiatement établir cet ingénieux appareil et dès nos premiers essais nous
pûmes apprécier tout le parti qu'on en pouvait
tirer au double point de vue de la réduction du
temps de pose et des effets qu'il nous permettait
d'obtenir sans nous priver d'une lumière abondante, élément indispensable, puisque nous en
étions toujours au collodion.

Dans ce but nous fîmes construire un second
écran. Le premier était garni d'une étoffe légère
et demi-transparente de couleur jaune, le second
fut tendu de lustrine bleue presque opaque.

Muni de ces deux ailes toujours tendues,
nous poussâmes nos rideaux loin du modèle,
nous obtenions ainsi une lumière très abondante ; notre sujet était éclairé presque également des deux côtés. L'effet était déplorable,
mais en avançant l'écran jaune, du côté d'où
venait la plus grande somme de lumière, un
peu en avant du modèle et en plaçant l'écran
bleu opaque du côté opposé, un peu au-dessus
de la tête, nous établissions entre les lumières

et les ombres un équilibre des plus favorables, sans paralyser l'action accélératrice de l'abondante lumière qui entourait le modèle.

Il est reconnu que plus la lumière est près du sujet, plus facile et plus sûre en est la direction. C'est pour cela qu'il est recommandé de construire les ateliers plutôt un peu bas de plafond que trop élevés. En effet, si vous faites mouvoir un rideau placé à un mètre cinquante au-dessus du modèle, il vous sera difficile de constater une modification bien sensible de l'éclairage, tandis que si ce même rideau se trouve à cinquante ou soixante centimètres seulement, l'effet produit sera bien plus marqué ; à mesure que vous l'avancerez ou l'éloignerez vous verrez facilement les lumières s'accuser ou s'adoucir.

C'est pour cela que l'écran dont nous parlons est précieux car il suffit de le présenter, soit au-dessus de la tête du modèle, ou bien un peu en avant ou de côté, pour être frappé des effets qu'il produit. Il permet de rassembler en un faisceau bien déterminé un parti-pris d'éclairage qu'il serait bien plus difficile de provoquer par

un jeu de rideaux, surtout s'ils étaient placés à
une certaine distance du modèle.

L'appareil que nous venons de décrire pourra
être utilisé, non seulement par les rares amateurs qui disposent d'un atelier organisé, mais
aussi et surtout, par ceux qui travaillent en
plein air dans un milieu habituel, où ils
auront organisé le matériel volant dont nous
parlerons dans la seconde partie de cet ouvrage.

DEUXIÈME PARTIE

ÉCLAIRAGE DU MODÈLE, LE CHAMP DE POSE
INSTALLATIONS DIVERSES
ÉCLAIRAGE A LA REMBRANDT

Nous considérons que cette deuxième partie de notre ouvrage est la plus importante ; c'est donc celle qu'il est le plus nécessaire d'étudier, les autres n'en étant que le complément.

Éclairage du Modèle

S'est-on bien rendu compte de ce qu'était une photographie ?

Une photographie n'est autre chose qu'un dessin créé par le jeu de la lumière sur un sujet quelconque, qui est reproduit à l'aide de manipulations et d'appareils spéciaux au lieu et place de la plume, du crayon ou de tout autre moyen.

Que fait le dessinateur pour produire l'image des choses qu'il désire représenter ?

D'abord, il établit ce qu'on appelle une esquisse, il trace par des traits, soit sur du papier, soit sur une toile, tous les contours extérieurs, indiquant la place et les proportions de chacun des détails de son sujet.

Ce travail là, terminé, ne constitue pas un dessin, il n'en est que le schéma; pour que l'image acquière toute sa valeur il faut y ajouter des demi-teintes et des ombres, la sensation du relief ne peut exister sans cela.

Le parti-pris de l'éclairage rêvé et reproduit par l'auteur fait tout le mérite de son œuvre, sa valeur, son charme; il donne à celui qui la regarde, s'il est doué, la sensation de la chose elle-même.

Eh bien, en photographie, on ne fait pas autre chose; lorsque l'on dispose le sujet et l'appareil, on fait l'esquisse. En plaçant le modèle sous un axe de lumière combiné, qui lui est favorable et qui met bien en valeur tous les plans, tous les détails, on prépare un *dessin* plus ou moins heureux et artistique. Il ne reste plus qu'à enregistrer ce résultat par une opération photographique, comme le dessinateur traduit par son crayon ou ses pinceaux l'œuvre qu'il a conçue.

Mais, comme dans l'exécution photographique rien n'est laissé au caprice ni à la fantaisie de l'opérateur, il faut qu'il ait devant lui le sujet complet à tous les points de vue; sa reproduction matérielle devant être d'une exactitude absolue, il doit tout prévoir, tout disposer pour assurer un bon résultat, car quelles que soient les modifications de retouche et les *ficelles* qu'il pourrait employer, ou même le mode de tirage aussi habile ou favorable qu'il puisse être, c'est au cliché surtout qu'il doit donner le caractère de l'œuvre rêvée. Et ce caractère, au point de vue du dessin, tient surtout de l'éclairage.

Ceci posé nous amène à déduire que l'endroit où l'on devra placer le modèle à photographier n'est pas indifférent, comme le supposent beaucoup d'amateurs, surtout lorsque l'on aura à opérer dehors sans installation d'aucune sorte et que le soleil brillera de tout son éclat.

Cet endroit privilégié est très difficile à trouver, et il faut une certaine expérience pour juger, de visu, si tel ou tel milieu sera favorable ou non.

Il faut *voir* sur le modèle quels sont les effets de lumière qui se manifestent, puisque c'est d'eux que dépend la reproduction plus ou moins favorable de ses traits.

Pour nous, cela nous semble très simple. En regardant un sujet quelconque, où qu'il soit, nous voyons de suite la façon dont il est éclairé, où sont les lumières, les demi-teintes et les ombres ; puis, nous savons bien qu'en posant peu, ces effets s'accuseront ; qu'en posant juste le temps voulu, ils seront juste ce que nous les voyons, et qu'enfin si nous posons trop, ils seront *noyés* jusqu'à la diffusion.

Nous savons également que si les lumières tranchent fortement avec les ombres, nous obtiendrons une épreuve dure, dont les blancs seront trop blancs et les ombres sans détails, aussi est-ce pour cela que nous réduisons la lumière ou bien que nous la reflétons un peu, au besoin, du côté ombré, à l'aide d'un écran, d'une serviette ou même, faute de mieux, d'un mouchoir de poche, fixés ou tenus à une distance plus ou moins grande du modèle, afin d'avoir plus d'harmonie. Mais nous savons aussi qu'en faisant tourner un peu notre sujet du côté d'où vient la lumière, nous aurons probablement moins d'opposition.

En nous plaçant nous-même un peu plus à sa droite ou à sa gauche, le modèle conservant toujours sa même attitude de tête, les effets de lumière que nous avons observés seront tout différents.

C'est donc là le travail d'esprit et de raisonnement auquel il faut se livrer avant d'opérer, et, s'il veut créer des œuvres personnelles ayant quelque valeur, il faut que l'amateur s'exerce, qu'il s'habitue à juger sur son modèle quels sont les effets de lumière qu'il devra employer afin d'obtenir, par tous les moyens que nous indiquons, des portraits modelés et vigoureux sans dureté.

L'échec du portrait en plein air, lorsque le soleil paraît, est la diffusion, l'uniformité, et c'est là souvent une difficulté presque insurmontable dans certains milieux. On ne trouve pas toujours un abri contre une lumière trop enveloppante, par les reflets du sol ou des murs environnants.

Il est un excellent moyen de faire l'éducation artistique de l'œil en ce qui concerne l'éclairage du modèle. C'est de se procurer une petite statuette, terre cuite ou plâtre, et après l'avoir placée dans un appartement, sur une table par exemple, d'observer avec la plus grande attention la façon dont la lumière joue sur ces traits inanimés.

C'est là un modèle qui aura toute la patience voulue; vous pourrez le tourner et le retourner sans avoir à redouter ses impatiences ou sa mauvaise humeur.

Vous remarquerez que plus la statuette sera placée près de la lumière, plus elle sera vivement éclairée et plus les ombres seront vigoureuses; en l'éloignant un peu, le parti-pris de l'éclairage s'adoucira. Si vous la tournez légèrement soit à droite, soit à gauche, les lumières et les ombres joueront différemment sur d'autres points. Si à l'aide d'une feuille de papier blanc, formant écran réflecteur, vous renvoyez de la lumière sur les parties ombrées, elles seront sensiblement adoucies, même jusqu'à l'uniformité.

En masquant avec une étoffe opaque ou demi-transparente tout le bas de la fenêtre, si le modèle en est très rapproché, ou bien en élevant graduellement de ce côté un morceau de carton à une distance de quarante centimètres environ, la lumière éclairera votre aimable sujet dans un axe différent, puisqu'elle viendra de plus haut.

Poussez même l'audace plus loin : prenez la statuette dans vos mains et faites qu'elle tourne le dos au jour, là elle sera complètement ombrée; mais si de l'autre main, à l'aide de la feuille de papier blanc, vous projetez dessus la lumière reçue par l'écran, vous parviendrez encore à l'éclairer.

Ce dernier mode d'éclairage n'est pas à employer pour le portrait, mais tous les essais que nous venons d'indiquer sont des exercices que nous conseillons de multiplier, car ils seront très profitables pour l'étude du jeu de la lumière dans le portrait et donneront bientôt, à ceux qui les pratiqueront, le discernement qui s'impose pour régler la lumière comme on le désire. Nous sommes persuadé que beaucoup de nos lecteurs inexpérimentés *verront* sur la statuette ce qu'ils ne distinguaient pas sur la figure humaine.

Le Champ de pose

Un portrait ne peut être modelé harmonieusement que si le sujet est placé dans un milieu ou il y ait un parti-pris d'éclairage bien franc, bien déterminé.

Et lorsque, à un moment donné, on a trouvé un endroit favorable, il faut bien se pénétrer qu'il n'aura pas la même valeur à chaque instant du jour et à toutes les époques de l'année.

En règle générale, les meilleurs effets s'obtiennent plus facilement lorsque le soleil ne paraît pas ou quand il est bas, presque à l'horizon. Il nous est arrivé de nous trouver dans certains milieux ou les conditions d'éclairage étaient tellement défavorables, que las de chercher sans succès, ne trouvant pas le moindre petit coin où nous abriter, nous étions obligé d'attendre que le soleil fût couché, afin de n'être pas gêné par son action directe ou réfléchie.

Les meilleures conditions naturelles d'éclairage dans lesquelles on puisse se trouver seraient de pouvoir se placer près d'un mur ou d'une construction assez élevée, faisant face à l'est, avec retour, si c'était possible — surtout si l'on n'emploie pas de fond — du côté du sud ; là il est rare que l'on ne soit pas dans des conditions très favorables en toutes saisons et qu'on n'y obtienne pas facilement de très bons effets depuis deux heures de l'après-midi jusqu'à la fin du jour.

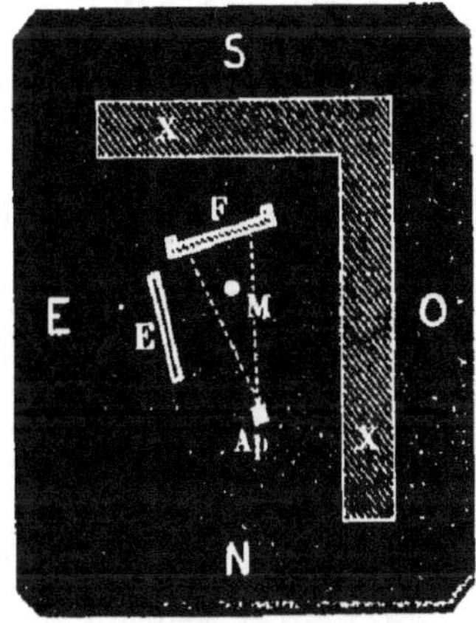

Figure 8.

S, E, N, O sont les 4 points cardinaux, F le fond, E l'écran foncé, Ap l'appareil, M le modèle, XX les constructions.

Dans ce coin rêvé, on placera le modèle à l'endroit indiqué (fig. 8) et *on observera comment l'éclairage s'affirme.* C'est là qu'il faudra s'exercer, s'habituer à *voir* et surtout à comprendre les effets de lumière qui se manifestent. Pour cela, on choisira un modèle dont les traits seront, autant que possible, un peu accusés, plutôt un homme ou une personne âgée qu'un enfant ou une jeune fille, parce qu'avec la douceur des traits de ces derniers, les effets produits, que vous aurez à rechercher,

étant très peu marqués, pourraient échapper
à des yeux non exercés.

Nous avons constaté bien souvent que beaucoup d'amateurs, même très intelligents, ne
voyaient pas, ne *sentaient* pas ces effets, ils
passaient pour eux inaperçus, et cependant,
dans le portrait, tout est là ; comment produire
ou modifier un éclairage quelconque si l'on ne
voit pas ce qu'il est au moment de l'opération ?

Mais, croyez-moi, cherchez à voir, persistez,
c'est une question d'entraînement, et si vous
voulez bien vous livrer avec persévérance
à cette étude, vous ne tarderez pas à lire sur la
physionomie du modèle aussi bien que dans un
livre. Inutile pour cela d'être dans le milieu
où l'on doit opérer ; on peut s'exercer n'importe où, aussi bien dans un appartement
que dans la rue ; partout la lumière s'affirme,
et c'est sa disposition plus ou moins favorable
qui nous donne la sensation de la forme. Ne
parlez pas à une seule personne sans la dévi-
sager, et cherchez bien où sont les lumières,
où sont les ombres. Après quelque temps d'observation, vous ne tarderez pas à comprendre

et à raisonner, même malgré vous, comment et dans quelle attitude telle ou telle personne serait ou pourrait être photographiée avec avantage.

Par suite d'un entrainement soutenu, c'est un travail de déduction que votre esprit fera même à votre insu.

Mais revenons à notre champ de pose et à notre modèle, qui doit s'impatienter :

Donc, après l'avoir mis en place, comme nous l'avons indiqué, si l'on constatait dans l'éclairage un peu de diffusion, il faudrait en rechercher la cause, qui pourrait provenir d'une trop grande quantité de lumière venant de face, ce qui se produit souvent, ou bien des reflets du sol ou de murs voisins.

Dans ce dernier cas, l'écran E corrigera le plus souvent ce défaut, mais si l'effet cherché n'était pas bien déterminé par ce dispositif, on pourrait probablement l'obtenir par un léger déplacement du modèle et au besoin de l'appareil.

Si dans ce même milieu, à certains moments et malgré tous ces soins, les lumières ne tranchaient pas suffisamment avec les ombres, on disposerait le modèle ainsi que les appareils comme nous l'indiquons dans la figure 9.

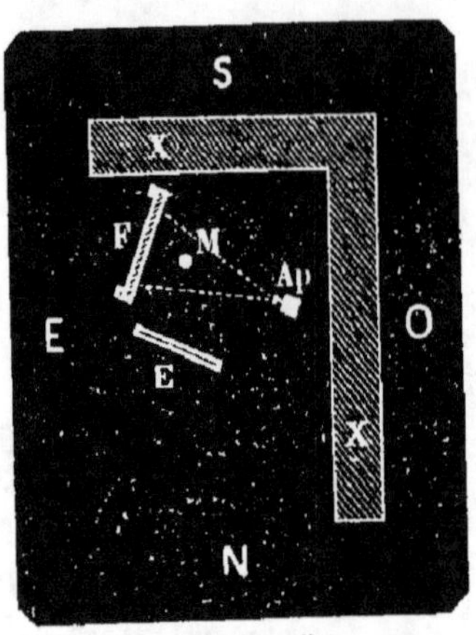

Figure 9.

S, E, N, O sont les 4 points cardinaux, F. le fond, E l'écran foncé, Ap l'appareil, M le modèle, XX les constructions.

Dans ces conditions nouvelles, le modèle tournera davantage le dos à la source de lumière la plus grande, et comme, dans une certaine mesure, le mur qui se trouve devant lui, empêchera la lumière qui viendrait de face d'agir, il est probable que celle qui doit être directe dominera, et que, par suite, les ombres seront plus tranchées.

L'écran E qui peut être fixe ou improvisé — nous en reparlerons du reste — rendra toujours de très grands services; il élèvera l'axe de l'éclairage et combattra bien des reflets qui seraient souvent très nuisibles.

Lorsque l'on règle l'attitude du modèle, on remarquera que si l'on place la tête plus ou moins de trois quarts, de même que si l'appareil est mis soit en face, ou bien à droite ou

à gauche du modèle, les effets seront sensiblement différents. On devra donc étudier avec
une grande attention ces divers jeux de lumière,
faire poser le modèle et se placer soi-même ici
ou là, c'est-à-dire dans les conditions où l'on
aura constaté les meilleurs effets.

Mais nous répéterons qu'en été et en plein
air, il est souvent difficile d'obtenir des portraits modelés si l'on ne dispose d'une installation prévoyante ou d'un milieu privilégié dans
dans lequel, par une disposition favorable ou
naturelle, les constructions ou la végétation
peuvent en tenir lieu.

Les portraits faits sous des arbres ou un
hangar sont généralement déplorables, parce
que, dans ces conditions, le modèle ne reçoit
aucune lumière directe, les branches ou la toi-
ture font ombre portée, et le sujet n'est éclairé
que par une lumière diffuse ou de reflets, ce
qui rend l'éclairage gris et monotone. Pour
qu'un portrait soit vigoureusement modelé, par
une gamme du blanc au noir bien tranchée, il
faut que la lumière frappe directement le sujet
à 45 degrés environ.

Si au contraire l'éclairage arrive obliquement et sans ordre, au lieu de parvenir au modèle en un faisceau bien déterminé, on n'obtiendra que des lumières *poudreuses* ou quelquefois heurtées en de certains points, mais dans tous les cas, indécises ou fausses.

C'est là ce qui rend les épreuves de portraits faites dans les appartements généralement grises ou monotones. Les dessous sont même parfois plus éclairés que les parties saillantes.

Comme on ne peut espérer reproduire un sujet quelconque avec une autre façon d'être, un autre caractère, que celui qu'il a au moment de l'opération, c'est à l'opérateur à disposer son modèle et la lumière qui doit le faire valoir comme il a rêvé de le reproduire, c'est-à-dire présentant les effets qu'il désire obtenir.

Il est encore une chose dont il faut bien se pénétrer, c'est que, qu'il s'agisse de portraits isolés, de groupes ou même de paysages, l'éclairage a sur le résultat définitif, sur la valeur matérielle du cliché, la plus grande influence; en un mot, si les conditions d'éclairage sont bien observées, on obtiendra facilement, *avec n'importe quelles plaques*, des clichés plus brillants et plus vigoureux, que si la lumière avait une direction défectueuse. En effet, si le modèle est éclairé uniformément ou avec trop d'oppositions, quels que soient les soins pris au développement, le cliché qui en résultera aura l'un ou l'autre caractère, il sera forcément ou uniforme ou dur.

Organisation sommaire improvisée pour ordonner l'éclairage.

Lorsqu'il s'agira d'obtenir un ou plusieurs clichés de portrait dans des conditions tellement imprévues qu'on n'aura pu faire aucune installation particulière, on devra s'ingénier pour obtenir quand même des portraits présentables.

On n'aura pour cela qu'à employer les moyens dont nous nous sommes servi bien souvent quand nous avons eu à faire des portraits à domicile; seulement, pour atteindre ce but, il faut avoir des auxiliaires dont la mission sera de remplacer une organisation plus complète.

Les moyens que nous allons donner ne peu-

vent guère convenir que pour des bustes, ou à
la rigueur des épreuves à mi-jambes si le sujet
n'est pas trop grand, mais nous avons produit,
en les employant, de nombreux clichés qui,
certes, n'avaient pas du tout l'air d'avoir été
obtenus en plein air, tellement ils étaient
modelés et corrects, aussi bien sous le rapport
de l'éclairage que des fonds.

Nous avons parlé du fond assez longuement
pour en faire ressortir la nécessité, nous avons
dit que pour qu'un portrait ait quelque valeur
il était indispensable de placer derrière le
modèle un fond uni quelconque, qu'il soit noir,
ou gris ou blanc.

Mais lorsque l'on se trouvera dans un milieu
dépourvu de tout ce qui pourrait servir de fond,
il faudra bien essayer d'en improviser un.

Si le voile dont on dispose pour la mise au
point de l'appareil est assez grand, voilà un
fond noir tout trouvé, mais si l'on veut impri-
mer les épreuves en dégradé, comme dans
ce cas un fond clair et uni est nécessaire,
il faudra demander à la maîtresse de la maison
une petite nappe que l'on étirera dans les
deux sens pour effacer, autant que possible,

les lignes causées par le pliage. Voici le fond blanc.

Il s'agit maintenant de mettre en œuvre les divers éléments qui s'imposent, comme nous allons l'indiquer.

Le premier soin à prendre pour cela sera de rechercher l'endroit, le coin le mieux disposé, selon les règles que nous avons précédemment indiquées, figures 8 et 9, car l'organisation que nous allons décrire ne pourra qu'ordonner l'éclairage et donner à la lumière une direction plus favorable.

Deux personnes sont indispensables, le plus souvent, pour atteindre le résultat cherché; l'une d'elles aura pour mission de tenir derrière le modèle l'étoffe qui devra servir de fond, que ce soit le voile noir ou la nappe dont nous venons de parler.

Les bras portant l'étoffe seront étendus et élevés à soixante centimètres au moins au-dessus de la tête du modèle et, pendant l'opération, c'est-à-dire pendant la pose, ce fond improvisé sera agité par un mouvement de va-et-vient, afin que la crispation ou les plis qu'il aurait pu conserver, ne se reproduisent pas.

Si, du côté d'où vient la lumière, le modèle était trop uniformément éclairé par des reflets du sol ou une trop grande lumière oblique, il faudrait, le ce côté, par une ou deux personnes, faire tenir un rideau ou une étoffe quelconque, de couleur sombre, afin de l'amoindrir et de l'obliger à venir de plus haut. Du reste, dans la partie qui va suivre, nous reparlerons du rôle de ce rideau.

Lorsque tout aura été organisé comme nous venons de l'indiquer, que l'on sera prêt à opérer, il faudra faire signe à la personne qui tient le fond, qu'elle peut commencer le balancement; alors on s'occupera du modèle, et lorsque l'expression sera telle qu'on la désire, on n'aura plus qu'à démasquer l'objectif et à poser le temps voulu, c'est-à-dire une ou deux secondes dans la plupart des cas.

D'ailleurs, pour tout ce que nous venons de dire au sujet d'une installation improvisée, la phototypie qui figure en tête de ce volume, et qui a été faite spécialement pour l'intelligence de notre description, en fera bien mieux comprendre les détails d'organisation que tout ce que nous en avons dit.

Cette illustration peut également servir d'exemple et montrer ce que l'on peut faire avec un peu d'imagination, pour sortir du cercle étroit du portrait classique et banal qui, bien souvent, occasionne à l'amateur plus d'ennuis, de mécomptes et de dépense, faut-il bien le dire, qu'il ne lui procure de satisfaction.

Tandis qu'en faisant de petits tableaux de genre représentant des scènes animées, dans le même esprit que celle que nous donnons, on aura tout profit.

Si vous saviez comme il est amusant de mettre en place les éléments qui doivent composer le tableau, de donner à chacun le rôle qu'il devra remplir ; et quand on a obtenu un cliché dans lequel l'éclairage, les poses, les expressions sont heureusement rendus, on a fait œuvre d'art et ces portraits en valent bien d'autres.

Mais, pour atteindre le but, il faut faire certains efforts d'imagination, chercher des idées, dresser dans son entourage des sujets, des *acteurs* susceptibles de comprendre et de s'identifier au rôle qu'ils auront à jouer.

Comme complément, pour réussir, une certaine ténacité s'impose, car il n'est pas dit que tel groupement qui semble heureux à l'œil ne sera pas défectueux à l'épreuve et, dans ce cas, il ne faudrait pas craindre sa peine pour recommencer si l'on sentait qu'il y aurait avantage à le faire.

Installation plus complète
pour obtenir en plein air des portraits modelés.

Pour rendre plus sûrs et plus suivis les résultats qu'on obtiendra dans un milieu éprouvé, une petite installation volante, mais moins sommaire que celle dont nous venons de parler, s'impose.

Elle se composera d'un petit matériel facilement démontable qu'on pourra organiser rapidement.

Nous l'avons déjà dit, mais nous répéterons que pour faire des portraits présentables, un fond est absolument nécessaire. Pour que ce fond n'aie pas l'air d'une loque comme les forains en placent devant leurs baraques, il faut qu'il soit tendu sur un châssis de sa dimension; à ce châssis il faut des pieds, de façon à pouvoir être installé où besoin sera — car on n'a pas toujours, juste à l'endroit où l'on aura reconnu que le modèle devra être placé pour qu'il soit bien éclairé — on n'a pas toujours, disons-nous, un arbre ou un mur contre lequel on pourrait l'appuyer. Mais alors, puisqu'il faut des pieds pour maintenir debout le châssis portant le fond, pourquoi n'ajouterait-on pas sur chacun de ses côtés un autre petit panneau garni d'étoffe qui les remplaceraient et dont le concours serait encore profitable?

Le tout serait réuni par des boulons et formerait une sorte d'abri, d'atelier démontable, devant lequel le modèle serait protégé des rayons venant de derrière et un peu aussi de ceux obliques, venant des côtés.

Le châssis du fond, de même que ceux des côtés, pourraient très bien rester garnis et montés en permanence et, pour qu'ils ne soient pas encombrants, ils seraient accrochés dans un passage, une remise, ou une grange. Quand on aurait besoin d'opérer on n'aurait qu'à les réunir et à installer le tout dans l'une ou l'autre des positions que nous avons indiquées dans les figures 8 et 9.

La description de l'atelier que nous venons

de donner est surtout pour servir de guide aux amateurs industrieux qui ont le goût et les outils leur permettant de confectionner eux-mêmes certains appareils, mais à ceux qui n'ont ni ce goût ni les moyens d'action nécessaires, nous dirons que le premier menuisier venu se chargera très bien de l'établir.

Voici les dimensions qui pourraient convenir pour répondre à peu près à tous les besoins :

Le châssis du fond aurait 2^{m}25 de haut et serait maintenu par deux traverses en croix ; la largeur de 1^{m}75. Les panneaux des côtés auraient environ 0^{m}80 de large et seraient, bien entendu, de la même hauteur que le châssis du fond.

Mais pour ceux qui voudraient se procurer un atelier analogue tout manufacturé, ils le trouveront organisé spécialement par la maison Démaria frères, dont la compétence et l'ingéniosité va sans cesse au-devant des besoins ou des désirs des amateurs.

Pour en faire mieux comprendre la forme, à peu près analogue à celle de l'atelier que nous venons de décrire, nous en donnons la figure d'autre part.

Ce sont des tubes de cuivre dont certains

rentrent les uns dans les autres, ils sont reliés entre eux par des vis de serrage.

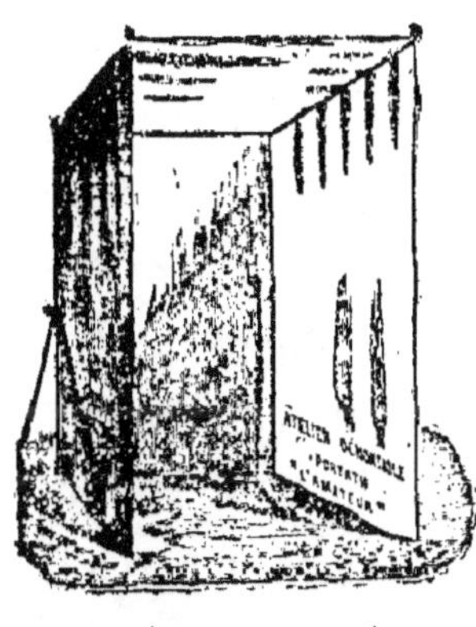

Le tout, démonté, rentre dans une caisse spéciale qui ne tient guère plus de place que celles qui renferment les jeux de croquet.

Cependant, malgré cette sorte d'abri, très bien compris, qui permet de couper certains rayonnements gênants, nous croyons qu'il serait bon d'établir, du côté d'où vient la lumière, une sorte de rideau en toile bleue qui partirait du châssis du côté de l'atelier et s'avancerait de deux mètres environ en avant du modèle. Cette sorte de *muraille* improvisée aurait une hauteur de 1m50 à 1m80. Par cette disposition, la lumière, agissant sur le sujet, viendrait de plus haut, et tout le bas de la physionomie, ainsi que le buste et les vêtements, seraient bien mieux modelés.

Éclairage à la Rembrandt

Généralement, on éclaire le modèle d'après les règles et par les moyens que nous avons précédemment donnés. C'est l'éclairage classique à 45°, celui qui est le plus employé.

Il donne, lorsqu'il est réglé judicieusement, les moindres détails du modèle avec la plus grande exactitude ; les lumières sont, d'après la direction donnée à l'éclairage, plus ou moins *étendues*, les demi-teintes bien réservées, les ombres relatives et d'une certaine transparence.

Les épreuves présentant ce caractère ne causent au public aucune surprise, ne suscitent de sa part aucune observation.

La lumière étant prise de plus ou moins haut ou de côté, selon le modèle que l'on a à reproduire, les effets sont alors plus ou moins harmonieux ou tranchés, mais le parti-pris de l'éclairage est toujours, à certaines nuances près, le même.

Rembrandt, dont nombre de tableaux sont éclairés d'une façon toute particulière, affectionnait des effets tout différents, plus hardis surtout. Dans ses scènes d'intérieur, le jour arrive généralement de haut par une ouverture parfois restreinte, en un faisceau très lumineux qui frappe le sujet principal très abondamment, et tous les détails qui l'entourent reçoivent, sur chaque aspérité, une lumière relative très vive. Ces petites lumières scintillantes ont tellement d'éclat qu'elles répandent autour d'elles des effets de clair-obscur pleins de détails.

Aucun autre peintre, en se servant des mêmes moyens, n'a obtenu des résultats aussi saisissants, ce qui a fait donner à ce genre le nom de son créateur.

La photographie aussi s'est essayée à ce mode d'éclairage, et certains artistes, en l'employant, obtiennent des effets très heureux; mais le public ne goûte pas toujours le parti-pris un peu sombre et parfois même un peu tranché, que présentent ces épreuves ; c'est que ces oppositions ne conviennent pas également à tous les modèles et que *l'effet juste* n'est pas toujours facile à obtenir.

Si les ombres ne sont pas en harmonie avec les lumières, les épreuves ont alors un caractère de dureté qui les rendent inacceptables ;

parfois, si une trop grande quantité de lumière éparse n'a pas été annulée ou s'il y a excès de pose, c'est le contraire qui se produit : les lumières et les ombres s'uniformisent, l'effet cherché, voulu, n'est pas atteint, et les épreuves n'ont alors aucun caractère.

Pour réussir ce genre d'éclairage, il est, plus qu'avec tout autre, indispensable de *voir*, de *sentir* à l'avance ce que l'on va obtenir, afin de distribuer judicieusement les lumières et les ombres selon les règles harmoniques qui doivent les lier. Il faut également que la pose soit juste et que le développement soit conduit selon le degré d'opposition ou de douceur que l'on veut obtenir, car, étant donné deux plaques posées également sur le même modèle, on doit bien savoir qu'on peut, par la direction donnée au développement, obtenir deux clichés absolument dissemblables.

Lorsque l'on sait s'en servir, l'écran de tête de Klary est, pour l'éclairage à la Rembrandt, l'auxiliaire le plus précieux :

Le modèle est placé, d'après les règles indiquées précédemment, à l'endroit ou se trouve la plus grande somme de lumière; il en est pour ainsi dire enveloppé. Mais, dès que vous avancez l'écran, comme son action est *directe*, vous sentez, vous comprenez de suite les modifications qu'il produit. Il ne reste plus qu'à en régler les effets et, pour cela, il faudra le monter ou le descendre, l'avancer ou le reculer, afin d'obtenir telle ou telle modification.

Le modèle tournant la tête du côté d'où vient la lumière, soit de trois quarts, soit de profil, si vous placez l'écran immédiatement au-dessus du crâne, à cinquante centimètres environ, la lumière du haut sera fortement réduite si l'écran est demi-transparent, mais s'il est opaque, elle sera presque annulée. C'est donc le moment d'observer, de contrôler l'effet produit, et selon le besoin, il faudra le fixer exactement à telle distance et à telle hauteur, car c'est de sa position que dépendra l'éclairage du côté ombré.

En plein air il est rare d'être dans l'obligation d'employer un réflecteur pour le côté de l'ombre, la lumière diffuse étant généralement suffisante pour éviter de fortes oppositions. Du reste, comme nous l'avons déjà expliqué, la mise en place de l'écran plus ou moins en avant, son élévation plus ou moins grande,

sont autant de moyens qui permettent de modifier les rapports de la lumière et des ombres.

Comme il est tout à fait impossible de donner
des règles immuables pour obtenir sûrement tel
ou tel effet, il est de toute nécessité que l'opérateur *voie* et *cherche* par lui-même l'éclairage
qui convient, car le milieu dans lequel on opère,
l'attitude et même les traits du sujet, sont
autant de facteurs qui ont la plus grande
influence sur le résultat, comme *effets* de
lumière.

TROISIÈME PARTIE

ATTITUDE DU MODÈLE

L'EXPRESSION DANS LE PORTRAIT

LE PORTRAIT AVEC LES APPAREILS A MAIN

Attitude du Modèle

Que le portrait soit fait dans un atelier ou en plein air, l'attitude que doit avoir le modèle est de la plus grande importance, elle est, avec l'expression, le complément direct de l'éclairage.

Ce qu'il faut demander au modèle pour obtenir un bon résultat, comme attitude, c'est du laisser-aller, mais il faut qu'il soit réglé dans certaines conditions indispensables. Il faut que la pose ne soit ni guindée, ni trop abandonnée ; pas de contraction, pas de raideur, mais pas de mollesse non plus.

On doit, autant que possible, donner à chaque

sujet l'attitude qui peut lui convenir, car si certains sont susceptibles de se *plier* à toutes vos exigences; il en est d'autres qui, quoique vous fassiez, auront toujours l'air embarrassés.

Donc, si après avoir essayé une position qui, croyez-vous, doit convenir au sujet que vous avez à reproduire, vous constatez qu'il a l'air emprunté, ne persistez pas, c'est qu'il n'est pas apte à la prendre, et plus vous essaierez de l'assouplir moins vous y réussirez.

Si, au contraire, vous reconnaissez que votre sujet a de l'abandon, ne craignez pas de lui faire prendre une attitude qui ait beaucoup de mouvement. On dit qu'une pose est mouvementée lorsque la tête est en opposition marquée avec les épaules, qu'elle est fortement tournée soit à droite soit à gauche.

Dans tous les cas ne vous décidez à ouvrir l'objectif que lorsque vous reconnaîtrez que l'attitude du modèle n'a rien de guindé.

Lorsque le sujet se met en place pour faire faire son portrait, si la chaise n'est pas exactement en face de votre appareil il commence par l'y mettre, puis il s'asseoit bien en face afin, sans doute, que vous puissiez voir ses deux oreilles et que son nez apparaisse bien au milieu de son visage, les deux épaules sous ses oreilles; puis après s'être glissé jusque sur le devant du siège, il s'affaisse et se renverse sur le dossier. Enfin il s'abandonne à vous comme si vous étiez barbier ou dentiste.

Eh bien tout cela est à refaire, c'est peut-être fort naturel, mais nous le trouvons par trop réaliste. Si le modèle doit être représenté en buste, il est toujours préférable qu'il soit plutôt assis que debout, sauf cependant pour les dames un peu fortes, à cause de leur col droit qu'elles ne peuvent se décider à abandonner et du corset qui, dans cette position, remonte avec... son contenu.

Mais si le modèle est assis, il faut que ses épaules dissimulent facilement le dossier et que le siège ne soit pas à ressorts. On le priera de s'asseoir jusqu'au fond du siège et de ne pas s'affaisser ; qu'il relève au contraire l'épine dorsale, de cette façon il aura tout à fait l'air d'être pris debout, la poitrine sera plus ouverte, les épaules plus effacées et, par suite, la tête plus haute.

Dans aucun cas la tête ne doit être dans un

mouvement parallèle à celui des épaules; aussi peu sensible que soit l'opposition de ces deux parties du corps, il faut quelle existe.

Ce principe posé, disons qu'on doit rechercher quelle est la position la plus favorable au modèle, car selon sa façon d'être, tel sujet sera plus avantagé s'il est pris de face, de trois quarts ou de profil.

Si l'on a jugé que le modèle devait être pris de face ou de trois quarts, s'il est jeune et souple, on pourra essayer de donner au corps une attitude tout à fait opposée au mouvement de la tête. Voici comme nous l'entendons :

Admettons que la lumière vienne de droite par exemple, le corps sera alors légèrement tourné de ce côté tandis que la tête devra être plus ou moins ramenée du côté de l'ombre. Ceci fait on placera l'appareil de façon à ce qu'il regarde le modèle sous l'aspect que l'on aura jugé devoir le mieux lui convenir, mais si l'on constate que cette attitude semble être le résultat d'un effort, il ne faut pas insister, c'est que le modèle manque de souplesse ou que la préoccupation qui l'agite le fait se contracter.

En pareil cas il vaut mieux, de suite, lui donner le mouvement opposé, c'est-à-dire tourner le corps de trois quarts du côté de l'ombre et la tête légèrement ramenée vers la lumière.

L'attitude du modèle, de même que la position de l'instrument, ne sont point choses indifférentes, car selon leurs dispositions plus ou moins raisonnées ou savantes, le modèle peut être avantagé ou desservi; c'est là une étude à faire qui ne manque pas d'intérêt, elle est le complément de l'éclairage avec lequel elle est, du reste, très étroitement liée.

Nous avons souvent remarqué que tel sujet vu à de certains moments, en pleine animation ou même au repos, était beaucoup mieux, physiquement, que nous les voyions d'habitude. C'est que l'attitude, l'éclairage et l'expression, concourraient à nous le montrer sous un jour plus avantageux.

Comme exemple, nous avons emprunté à M. Klary un dessin reproduisant diversement un bloc de bois sur lequel sont figurés un nez, des yeux et une bouche.

C'est là, n'est-ce pas, un sujet dont l'influence magnétique ne peut vous troubler. Eh bien !

examinez-le attentivement, sous ses différents aspects, et vous verrez, qu'étant prises dans des attitudes et de points différents, combien ces diverses figures changent de forme et même d'expression et ces effets seraient encore bien plus marqués si au lieu de ces croquis sans demi-teintes et sans expression, nous avions une figure humaine sur laquelle jouerait la lumière.

Les trois premières figures semblent prises du même point, l'attitude est donc la même, mais comme elles sont tournées plus ou moins de face ou de profil, la forme et même l'expression sont très sensiblement différentes.

Le bloc A a le nez long, un œil seulement paraît.

Le bloc B a le nez plus court, un œil est bien en vue, l'autre est en perspective et ne se voit pas aussi complètement; la bouche paraît sensiblement plus longue.

Le bloc C a le nez plat, les deux yeux sont égaux, la bouche est très grande.

Dans ces trois figures la pipe aussi prend des attitudes tout à fait différentes.

Dans les trois autres figures le point de vue

est sensiblement différent entr'elles; on le voit facilement au sommet des deux premières et à la base de la troisième. Le bloc D est pris de plus haut et en plongeant légèrement, puisque le sommet de la tête est plus grand, le nez est plus allongé et plus aigu, la bouche semble sourire.

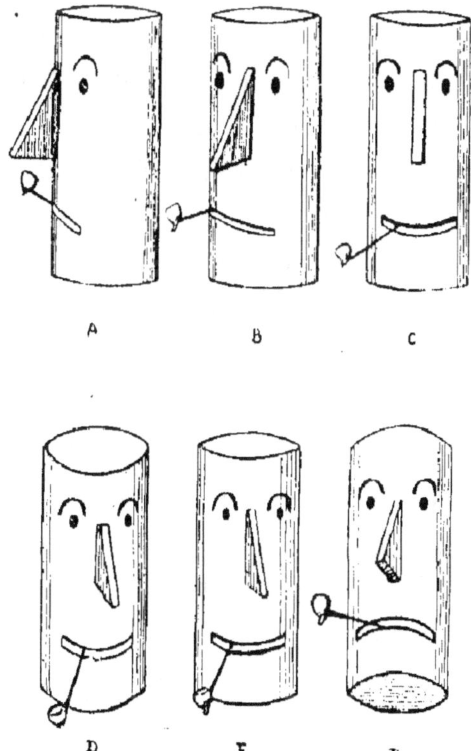

En examinant le bloc E, pris d'un point

moins élevé, le sommet de la tête ne paraît pas autant, le nez est un peu moins affaissé, la bouche est moins souriante.

Dans le bloc F, tout change parce que le point de vue part de plus bas : la bouche, dédaigneuse, a l'air de retomber de chaque côté, le nez semble relevé et la base du bloc est visible.

Eh bien, cette étude que nous venons de faire sur des blocs il faut l'appliquer à la figure humaine, car selon que la chambre noire sera placée plus ou moins haut, et que le modèle sera pris plus ou moins de côté, soit de droite, soit de gauche, il aura un aspect particulier, qui différera à chaque changement de place de l'attitude, de l'appareil ou du modèle.

La pose entièrement de face ne devra être donnée qu'exceptionnellement et, dans ce cas, le corps devra être placé légèrement de trois quarts. La pose de trois quarts est la plus usitée et celle qui convient à beaucoup de sujets, mais le deux tiers procure non seulement de très bons effets, mais il permet de donner au regard un rôle plus marqué, ainsi qu'on le verra quand nous parlerons de l'expression.

La pose de profil ne s'emploie qu'avec quelques

sujets dont les traits présentent certaines régularités classiques, pourrions-nous dire, ou un caractère favorable bien déterminé, car si le nez était trop long ou trop relevé, les lèvres saillantes, ou bien le dessous du menton trop gras, cette attitude ne saurait convenir.

Nous avons recommandé de se servir pour le portrait d'objectifs ayant plutôt un long foyer qu'un trop court, justement à cause de la déformation que causent ces derniers qui exagèrent toujours les premiers plans; on comprendra bien mieux l'importance de ce conseil si l'on s'est bien pénétré de ce que nous venons de dire sur l'attitude du modèle.

L'Expression dans le Portrait

Un portrait photographique dont l'expression laisse à désirer perd, surtout aux yeux de l'intéressé, c'est-à-dire du modèle qu'il représente, toutes les qualités artistiques ou autres qu'il peut avoir. Cependant, quelle que soit l'habileté du photographe, peut-il reproduire une autre expression que celle prise par le modèle au moment de la pose?

Au temps du collodion, quand le patient devait rester sans bouger de quinze à vingt secondes au moins, il eût été illusoire de rien tenter pour améliorer le résultat sous le rapport de l'expression, tandis qu'aujourd'hui, grâce au gélatino-bromure, la pose n'étant plus que de une à deux secondes, il est possible de provoquer et de surprendre une expression animée.

Le photographe soucieux de produire des portraits réussis sous tous les rapports, après avoir fait prendre à son modèle une bonne attitude et disposé judicieusement son éclairage, a un rôle à remplir qui prime toutes les précautions, tous les soins antérieurs; il faut que, nouveau Pygmalion, il anime la statue qu'il a devant lui.

Nous jugeons que là est la plus grande difficulté dans le portrait, le modèle, à ce moment, n'étant jamais ce qu'il est d'habitude.

Voyez donc cette jeune fille si gracieuse; elle est vive, animée, sa bouche et ses yeux sont sans cesse en mouvement. Dites-lui que vous allez faire sa photographie; — aussitôt la voilà sérieuse, compassée, on la dirait sur la sellette. Cette bouche mignonne, qui rit toujours, se pince, ces yeux pétillants de malice n'ont plus de flamme, cette figure insouciante devient aussitôt inquiète.

Vous pourrez peût-être faire d'un modèle sous cette impression, un superbe cliché comme pose, comme éclairage, comme réaction chimique ; vous aurez alors de belles épreuves, c'est possible, mais le portrait sera mauvais.

Vous n'obtiendrez cependant pas autre chose si vous abandonnez le modèle à lui-même, si vous n'agissez pas moralement sur lui. Du reste, essayez, dites-lui que « c'est fini », et vous verrez comme ce flot comprimé va se répandre en une expression irradiée de contentement.

Certains portraitistes consciencieux se sont toujours préoccupés de l'expression dans le portrait ; il nous souvient avoir vu, il y a bien des années, de petites boîtes mécaniques contenant un certain nombre de photographies choisies.

Ces boîtes, munies d'un ressort, se remontaient comme une pendule, et toutes les trois ou quatre secondes, une épreuve nouvelle venait se présenter aux yeux attentifs du poseur.

Du temps du collodion, ce moyen pouvait être suffisant, mais depuis que la pose a été si considérablement diminuée, ces appareils très ingénieux n'ont plus leur raison d'être.

Et cependant, encore aujourd'hui, certains opérateurs placent devant le modèle, soit une photographie, soit une aquarelle suggestive.

Assurément cette idée est remplie de bonnes intentions, et peut parfaitement réussir avec certains sujets contemplatifs, mais dix-neuf fois sur vingt le regard sera sans expression. Aussi. avons-nous laissé toutes ces malices de côté, et ne voulant pas abandonner l'expression du modèle au hasard, nous avons cherché un moyen plus sûr et nous l'avons trouvé.

Avant de vous indiquer notre façon d'opérer, nous ne pouvons résister au désir de vous narrer un souvenir typique sur ce sujet « de l'expression du portrait ».

Il y a bien vingt-cinq ans de cela, les boîtes de bougies pour fumeurs étaient illustrées, comme de nos jours, du reste, de dessins en couleurs parmi lesquels certains ne manquaient pas d'humour. L'un d'eux, dû je crois au crayon satirique de notre collègue Nadard, représentait

un bohème aux cheveux et à la barbe embrous-
saillés. A côté de lui, un appareil photographique dont il tenait le bouchon, et, devant, un
modèle ahuri.—Les yeux de l'opérateur étaient
fulgurants.

Au bas de cette image, on avait écrit : « Mais
souriez donc, mille tonnerres! «

C'est que, sans doute, l'opérateur ayant épuisé
sa rhétorique doucereuse pour obtenir une
expression qui ne vient pas, perd patience,
et, jetant le manche après la cognée, laisse
échapper cette phrase intempestive.

Nous avouons franchement que si la phrase
n'est jamais sortie de nos lèvres, elle nous est
bien souvent venue à l'esprit.

Ayant donc remarqué qu'à moins d'un certain entraînement, si le modèle est prévenu
qu'on va faire sa photographie, il prend une
expression impossible, nous avons résolu de
ne pas le prévenir, d'agir à son insu, et pour
cela, voici comme nous nous y prenons :

Notre objectif est muni d'un obturateur de
Guerry placé à l'intérieur de la chambre noire.
Dans le haut du soufflet est un petit trou par
lequel passe le tube qui fait fonctionner l'ap-

pareil; la poire qui le termine est appuyée sur le chariot, près du châssis négatif. L'instrument, qui n'a pas de bouchon, semble toujours ouvert, et comme il se découvre intérieurement, le modèle ne s'aperçoit pas, ne peut pas se douter du moment pendant lequel se fait l'opération.

Le sujet est mis en place, mais pour cela, il faut voir vite l'attitude la plus favorable, il est également indispensable de ne pas trop prolonger les préliminaires, aussi doit-on, d'un coup d'œil rapide, sentir les effets d'éclairage qui se manifestent, afin de donner de-ci, de-là, un coup de bâton à tel ou tel rideau qui doit amener ou réduire les effets heureux ou défavorables.

Mais il faut que tous ces préparatifs se fassent non seulement vite, mais sans en avoir l'air, sans que la préoccupation que vous causent ces divers arrangements se reflète sur vos traits.

Faites comme le dentiste, qui a bien le soin de dissimuler à son patient l'outil dont il va se servir.

C'est que beaucoup de personnes, au moment

de la pose, ont autant d'inquiétude que si réellement elles allaient subir une opération. C'est bien là une appréhension injustifiée, mais dont elles ne peuvent se défendre. Elles ont peur! et tout le monde sait que la peur ne raisonne pas.

Donc, pendant que vous ferez en sourdine tous vos préparatifs, afin d'inspirer confiance au modèle, il faut avoir l'air enjoué et parler sans cesse. Pas de silence si vous voulez éviter la crainte. Pour cela, un peu d'esprit d'à-propos permet d'avoir avec chaque sujet une conversation en rapport avec son éducation.

Du reste, pour tout ce que nous venons de dire, il ne faut qu'un peu d'entraînement, et celui qui aura en lui l'étoffe nécessaire ne tardera pas à en tirer profit.

Il est encore une chose qui dispose en votre faveur sans aucun effort de votre part : c'est d'être doué d'un *physique agréable*.

Cet avantage qui, hélas, ne peut s'acquérir, vous servira souvent, je vous l'affirme, beaucoup plus que votre intelligence. Nous avons été en rapports suivis et forcés avec un opérateur très en faveur auprès des dames; il était habile comme métier, mais absolument nul et incapable de tenir la moindre conversation ; il plaisait cependant beaucoup parce qu'il était « joli ».

Mais voici le moment des difficultés qui approche. Il faut placer l'appuie-tête et mettre au point. Ce diable d'appuie-tête est la frayeur, le supplice du modèle. Nous voudrions bien pouvoir nous en passer, mais c'est bien difficile ; non qu'il soit indispensable dans bien des cas pour éviter le mouvement, mais parce qu'il est nécessaire pour maintenir l'attitude, et c'est surtout de la position donnée à la tête que dépendent les effets de lumière plus ou moins heureux ou défavorables, car la lumière joue d'une façon tout à fait différente si le modèle a la tête plus ou moins haute ou basse, ou inclinée, soit à droite, soit à gauche.

La mise en place du modèle contre l'appuie-tête demande d'infinies précautions, si on ne veut pas augmenter sa contrainte.

L'attitude ayant été réglée comme on l'aura jugée nécessaire, la branche contre laquelle le modèle devra être appuyé sera avancée doucement jusqu'à trois ou quatre centimètres à peu près, mais pas plus, car si déjà vous établissiez le contact, votre patient s'y cramponnerait comme le noyé après une branche flottante et serait alors d'une raideur outrée.

Donc, lorsque l'appuie-tête aura été disposé comme nous venons de l'indiquer, vous passerez devant le modèle, mais toujours souriant, n'est-ce pas! et légèrement, sans brusquerie, vous pousserez la tête contre l'appui; surtout dites bien à votre sujet qu'il ne se raidisse pas, que c'est plutôt un point de repère que vous lui donnez qu'un soutien.

Mais voilà que nous y sommes, c'est le moment suprême où vous devez enlever la position, et plus ce moment approche, plus le modèle est ému, moins il est naturel; du reste, il ne le sera jamais; il faut l'obliger, malgré lui, à sortir de son état de contrainte, c'est dans ce but que vous devez faire appel à toute l'énergie magnétique dont vous êtes capable et lutter avec lui par la force de votre volonté.

Pour cela, passez derrière la chambre noire, prenez en main la poire de l'obturateur et faites que le modèle vous regarde. Ceci ne sera peut-être pas toujours facile : beaucoup se dérobent, résistent, ils n'osent pas, ne veulent pas, mais il faut insister et les empêcher de regarder à droite ou à gauche ou bien l'objectif, car ce ne serait pas la vue de tous ces objets inertes, aussi suggestifs soient-ils, qui amènerait l'expression vivante, animée, que vous voulez obtenir.

Donc, quand vous aurez bien vos yeux dans les yeux de votre modèle, ce sera à vous d'agir aussi bien par l'expression que vous prendrez que par vos paroles. Il doit y avoir entre vous et lui un courant sympathique, un peu dominateur de votre côté. C'est là ce qui doit vous faire triompher.

Beaucoup de modèles, se sentant plus ou moins domptés, sont tout troublés, ils rient nerveusement, sans motifs; cela va bien et prouve qu'il y a détente : car, après ce rire exagéré, la bonne expression se montrera le plus souvent. Ce ne sera peut-être pas tout de suite, mais attendez, soyez patient, caressant même, encouragez-le et, quand le moment sera venu, ne le laissez pas passer sans en profiter, c'est l'instant favorable.

C'est facile, puisqu'il ne faut qu'une seconde

pour cela, mais pendant cette seconde, qui sera pour vous aussi fatiguante que pour le modèle, il faut que votre expression, l'animation de vos traits le soutiennent.

Après cela, faites comme lui, respirez: il pourra bien rire ou pleurer, cela vous est égal, n'est-ce pas? L'expression est saisie et le portrait réussi.

Il arrive souvent que la physionomie du modèle gagne à être prise fortement de trois-quarts, quelquefois même de profil. Dans ces conditions, il est tout à fait impossible qu'il puisse vous regarder; si vous restiez près de la chambre noire, le regard serait mauvais. Avec un tube d'obturateur assez long, vous pourriez vous placer devant lui, mais il y a ce diable de tube qui l'intrigue, et vers lequel il jette des regards inquiets, effarés même. Il n'y a dans ce cas qu'une chose à faire, c'est de confier la poire de l'obturateur à un aide qui aura pour mission d'ouvrir et de fermer l'appareil. Quand vous serez devant le modèle, dans l'axe où son regard doit porter, et pendant que vous provoquerez l'expression, l'aide aura pour mission de la saisir.

Certains de nos lecteurs, dans ce que nous venons de dire, nous taxerons peut-être d'exagération, mais nous sommes sûr aussi que si ces lignes tombent sous les yeux de certains praticiens, ils reconnaîtront assurément, s'ils sont observateurs, que nous n'avons pas dépassé la note vraie.

Du reste, tous les modèles n'ont pas le même tempérament, la même nervosité ; on ne rencoutre pas toujours les mêmes difficultés ni au même degré; mais il est bien rare, surtout chez la jeune femme, d'obtenir spontanément une expression bonne et naturelle.

Avant de finir, il est un conseil que nous devons donner, et qui a une certaine importance : c'est de ne laisser autour du modèle, pendant l'opération , que le moins de monde possible, pas du tout même si cela peut être, sans quoi les difficultés que vous rencontrerez seront plus grandes encore, car alors vous aurez à lutter, non seulement avec la contrainte du modèle, mais aussi contre la turbulence de la galerie qui, par ses conseils ignorants, se fera comme un jeu de contre-carrer toutes vos tentatives, et rendra vains tous vos efforts.

Le Portrait avec les appareils à main

Comme tout le monde fait de la photographie vous avez voulu faire comme « tout le monde ».

Pour cela, vous avez acheté un appareil instantané, peut-être rudimentaire, peut être très compliqué. C'est là une question de tempérament, d'amour-propre ou de budget.

En présence de la petite boîte magique, après l'avoir tournée et retournée longuement, vous vous êtes demandé quelle pourrait bien être votre première manifestation et, afin de ne pas chercher longtemps, vous vous êtes dit : Pourquoi ne ferai-je pas un portrait ! et, de suite, un peu au hasard, vous avez réquisitionné l'un de vos proches.

La pose faite, si vous avez tenté de la développer vous-même, il est bien probable que vous n'avez rien obtenu du tout, mais si, par prudence, vous avez confié à un *opérateur* plus ou moins diplômé le soin de mettre au monde votre premier né, peut-être a-t-il pu vous présenter un verre nébuleux sur lequel une vague silhouette de votre belle-mère a été la première satisfaction que cette bonne dame vous ait procurée.

Mais trève de plaisanterie et allons droit au but. Vous avez acheté un appareil instantané à main et vous vous êtes imaginé qu'avec lui il vous serait facile de faire non seulement des portraits, mais peut-être bien aussi des agrandissements et des reproductions.

Eh bien nous devons franchement vous prévenir qu'il vous sera difficile de transformer votre rêve en réalité, à moins que votre appareil, par sa façon d'être, ne se prête à certaines règles immuables, absolument indispensables pour le portrait.

D'abord, avec les appareils à foyer fixe, c'est-à-dire ceux dont les objectifs ne peuvent se mouvoir, on n'obtient d'images nettes que si le sujet est rigoureusement placé à six, huit ou dix mètres de l'appareil. A cette distance il ne faut pas songer faire des épreuves en buste carte de visite, le modèle sera toujours dans des proportions minuscules ce qui, bien entendu, ne remplit pas le but que vous vous proposez. Si vous vous rapprochez à deux mètres, par exemple, le modèle sera plus gros, mais il sera d'un vague absolu et vous n'aurez de net que ce qui se trouvera *au foyer*, c'est-à-dire à six ou huit mètres de distance.

Ensuite, ces appareils sont généralement établis pour ne faire que l'instantané, ce qui oblige à placer le modèle en plein soleil, condition tout à fait défavorable au portrait, car les traits du visage, comme nous l'avons fait ressortir dans un chapitre spécial, ne peuvent être harmonieusement modelés que si le sujet est à l'ombre, et dans un milieu privilégié ; mais là il faudrait poser plusieurs secondes et votre appareil ne fait que l'instantané.

Donc, avec presque tous les appareils à mains à foyer fixe, on ne peut avoir que des sujets minuscules et mal éclairés, puisque les instantanés ne peuvent s'obtenir qu'au soleil.

De plus, quelle est l'expression que peut avoir un modèle qui a le soleil dans les yeux.

Cependant un *opérateur habile* pourrait encore, avec de semblables appareils, en s'en servant selon leurs aptitudes, obtenir des épreuves intéressantes ; il n'aurait qu'à disposer à la distance voulue, prescrite ou mieux : étudiée à l'avance, quelques personnes qu'il lierait dans une pensée commune pour leur faire traduire une idée, comme nous l'avons fait dans l'illustration placée en tête de ce volume, qui est en même temps une figure servant à l'explication d'une théorie.

Ces sortes d'épreuves, quelles que soient leur dimension, en valent bien d'autres et ne manquent pas d'intérêt lorsqu'elles sont faites avec goût.

Mais il est d'autres appareils plus perfectionnés qui permettent de faire du portrait dans une limite cependant encore un peu restreinte, mais remplissant mieux les conditions désirées ; ce sont ceux dont l'objectif est mobile, ce qui permet de déplacer le foyer, de l'allonger surtout.

Ces appareils sont généralement munis d'un bouton qui commande une crémaillère ; en tournant ce bouton, une aiguille qui est tout à côté se déplace et indique, sur une sorte de cadran, la distance la plus proche à laquelle un sujet, s'il y est placé, pourra être net. Cette distance qui est, lorsque l'instrument est à bloc, de six à huit mètres, peut être réduite jusqu'à quatre et même à deux mètres. C'est que, en même temps que le mouvement donné au bouton déplaçait l'aiguille, indiquant les diverses distances auxquelles on pouvait opérer, il faisait s'avancer le système optique et modifiait le foyer.

Alors en plaçant le modèle à la distance indiquée, soit à quatre ou à deux mètres, les proportions du sujet seront sensiblement augmentées, ce qui vous permettra de faire un portrait carte de visite en buste. Mais la netteté voulue sera-t-elle complète ou relative? Vous ne le verrez que lorsque le cliché sera fait et développé, car dans beaucoup de ces appareils, la distance indiquée par l'aiguille n'est pas toujours bien exactement réglée, et quoique vous ayiez scrupuleusement mesuré, avant d'opérer, le métré qui doit vous séparer des premiers plans, pour qu'ils soient nets, il n'est pas dit que le résultat justifie la promesse. Sans compter que pris à une aussi courte distance nous ne garantissons pas que le sujet, s'il est net, ne soit pas déformé, c'est-à-dire allongé ou élargi.

Malgré le perfectionnement qui permet de modifier le foyer de l'objectif, il est un défaut de cette dernière classe d'appareils, pour leur emploi dans le portrait, qui persistera si, en en outre de l'instantané, ils ne sont pas susceptibles de faire aussi la pose ; c'est-à-dire si, après un premier déclenchement, ils ne peuvent rester ouverts pour se refermer sous une nouvelle pression du bouton fameux.

Mais si vous photographiez « à la pose » il ne faut pas compter opérer à la main car, aussi courte que soit cette pose, aussi solide que soit l'abdomen sur lequel vous appuieriez l'appareil, il ne serait pas assez immobile pour vous permettre d'obtenir une image suffisamment nette. Il est donc absolument indispensable que l'appareil soit appuyé sur une table ou un meuble quelconque, mais ce qui est encore préférable, c'est un pied.

Lorsque l'appareil aura donc été immobilisé sur un support, quel qu'il soit, on masquera d'abord l'ouverture de l'objectif, on donnera la pression pour l'ouvrir et, après avoir posé le temps voulu, on bouchera à nouveau l'ouverture, puis on déclenchera pour fermer.

En outre des appareils instantanés détectives ou autres dont nous venons de parler, il en existe qui, par leurs perfectionnements, permettent d'obtenir des portraits et des groupes d'une façon aussi complète que ceux qui sont faits avec l'appareil par excellence, c'est-à-dire celui qui est monté sur pied, avec mise au point obligatoire ; ils sont munis soit de châssis, soit d'un magasin et possèdent les dispositions voulues pour faire aussi bien la pose que l'instantané. Ils ne sont autre chose, du reste, que des appareils à pose assez réduits et allégis pour en rendre le transport et les manipulations faciles à ceux qui savent les nécessités qui s'imposent dans les deux cas.

Ces appareils dont nous donnons ci-dessous le dessin (figure 10) ont une glace dépolie qui

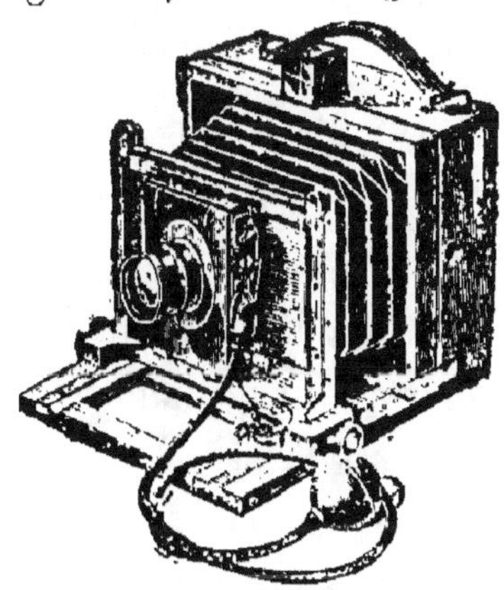

Fig. 10

peut servir aussi bien pour la rectification de

la mise au point, à l'aide de la crémaillère, que
pour juger des proportions de l'image; la plan-
chette de devant est mobile dans les deux sens
pour faciliter l'obtention de certains paysages.
Ils ont un jeu de diaphragmes soit à « iris, »
soit à vanne, afin de régler la netteté nécessaire
dans tous les cas qui peuvent se présenter. Ils
sont munis d'un bouchon pour pouvoir mas-
quer l'objectif.

Par ces diverses dispositions ils peuvent,
comme nous l'avons dit, s'employer à la main
étant en excursion, comme ils peuvent être
montés sur pied pour faire la pose et, au besoin,
du portrait, jusqu'à concurrence de la dimension pour laquelle ils ont été créés.

Donc, pour faire le portrait, on les montera
sur pied et après avoir pris toutes les dispositions indiquées au cours de cet ouvrage, on
mettra, à l'aide de la glace dépolie, le sujet au
point, puis on bouchera l'objectif: on mettra
ensuite le châssis ou le magasin en place, la
glace sera découverte, on posera le temps
voulu puis on refermera l'objectif et enfin le
porte-glace, qu'il soit châssis ou magasin.

L'opération sera alors terminée mais la mise

au point, qu'on a pu faire, a permis d'obtenir du ou des modèles un portrait ou un groupe exactement de la dimension désirée et surtout d'une netteté absolue et sûre.

Le chapitre que nous venons d'écrire ne nous semble nécessaire que pour les néophytes ou les apprentis qui nous liront car, ceux qui ont déjà quelque pratique de la photographie, ont dû éprouver pour le portrait, avec les appareils à main, les difficultés signalées.

Ces appareils contribuent, par la simplicité apparente de leur manipulation, à augmenter chaque jour le nombre des amateurs photographes, mais ceux qui débutent par ce genre d'exercice prennent la mauvaise voie, ils commencent par la fin.

Si la photographie instantanée permet de surprendre au moment où elles se présentent des scènes animées et parfois pleines d'intérêt, qu'il serait impossible de saisir par tout autre moyen, les appareils spéciaux, aussi perfectionnés soient-ils, rendent difficile, pour les *débutants* surtout, l'obtention de clichés dans lesquels la mise en place du sujet et les effets

de lumière indispensables à toute production
artistique, puissent être rigoureusement observés.

Avant de quitter nos lecteurs nous croyons
bon de leur recommander une fois encore de
bien veiller avant d'opérer soit en plein air,
soit sous une installation quelconque, à la
façon dont le sujet sera éclairé.

Puis, en admettant que les clichés qu'ils
obtiendront soient sans reproches, ils doivent
bien se pénétrer que les épreuves qu'ils en
feront ne trouveront grâce devant les intéressés,
que si ces clichés sont rigoureusement retou-
chés (1).

----

(1) *La Retouche du Cliché*, retouches chimiques, physiques
et artistiques, in-18 jésus, 1898. Chez MM. Gauthier-Villars
et fils, Paris.

TABLE DES MATIÈRES

Pages

Avant-Propos....................................... 9

PREMIÈRE PARTIE

**L'appareil. L'objectif. Les plaques. Les fonds.
L'écran de Klary.**

L'Appareil.. 13

L'objectif....................................... 14

    Double à portrait 14

    L'Aplanat..................................... 15

    Le Diaphragme................................. 15

    Objectif simple............................... 16

    Proportions des modèles par rapport au format.... 18

Les Plaques...................................... 20

    De leur rapidité.............................. 20

    De leur division au point de vue économique.. ... 28

Le fond.. 30

    Fond circulaire............................... 30

    Epreuves obtenues sans fond spécial............... 31

    Fond en lustrine ou en drap................... 32

    Spécial 33

Fonds peints...................................... 34

Fonds naturels 36

Fonds trop lumineux.............................. 38

L'écran de tête de Klary......................... 41

Plan et construction............................. 47

Régularisation de la lumière à l'aide de deux écrans. 53

DEUXIÈME PARTIE

Éclairage du modèle. Le champ de pose. Installations diverses. Éclairage à la Rembrandt.

Éclairage du modèle.......................... 57

Son importance sur le résultat définitif.......... 59

Nécessité de constater sur le modèle les effets de lumière.................................... 60

Exercices pour l'éducation artistique de l'œil...... 62

Le champ de pose.............................. 64

Conditions les plus favorables dans lesquelles on puisse l'établir.............................. 64

Orientations diverses........................... 65-68

Conditions défectueuses......................... 69

Organisation sommaire improvisée pour ordonner l'éclairage.................................. 71

Le fond improvisé............................. 72

Petits tableaux de genre........................ 75

Installation plus complète pour obtenir, en plein air, des portraits modelés 76

Atelier portatif démontable 77

Eclairage à la Rembrandt 80

Difficultés pour obtenir des effets justes avec certains modèles et dans de certaines conditions d'éclairage 81

L'écran de tête de Klary : comment on doit s'en servir pour balancer les effets d'ombre et de lumière 82

TROISIÈME PARTIE

Attitude du modèle. L'expression dans le portrait.

Le portrait avec les appareils à main.

Attitude du modèle 85

Abandon nécessaire 7

Nécessité de rechercher l'attitude qui convient au modèle, tant au point de vue du laisser-aller dont il est susceptible, que de la reproduction la plus favorable de ses traits 88

Différence des effets obtenus, le modèle étant pris de points différents 89

L'expression dans le portrait 93

Le rôle qu'elle joue dans le résultat. Tentatives diverses faites pour améliorer l'expression 95

Dispositif pour surprendre, à l'insu du modèle, une bonne expression 97

Précautions à prendre pour obtenir une bonne expression.................................. 98

Rôle moral de l'opérateur pour provoquer l'expression.................................. 102

Le portrait avec les appareils à main................ 105

Difficultés inhérentes à la plupart des appareils à main pour obtenir des portraits............... 106

Appareils à foyer fixe............................ 106

Appareils ne faisant que l'instantané............. 107

Moyen d'obtenir, même avec ces appareils, des épreuves de la classe portrait.... 107

Appareils à foyer mobile......................... 108

Appareils à main perfectionnés avec lesquels il est possible de faire du portrait presque aussi facilement qu'avec les appareils sur pieds.......... 110

Table 115

1898 — Imprimerie Libournaise, 2-4, allées de la République.

www.ingramcontent.com/pod-product-compliance
Lightning Source LLC
LaVergne TN
LVHW021854170726
843503LV00003B/1223